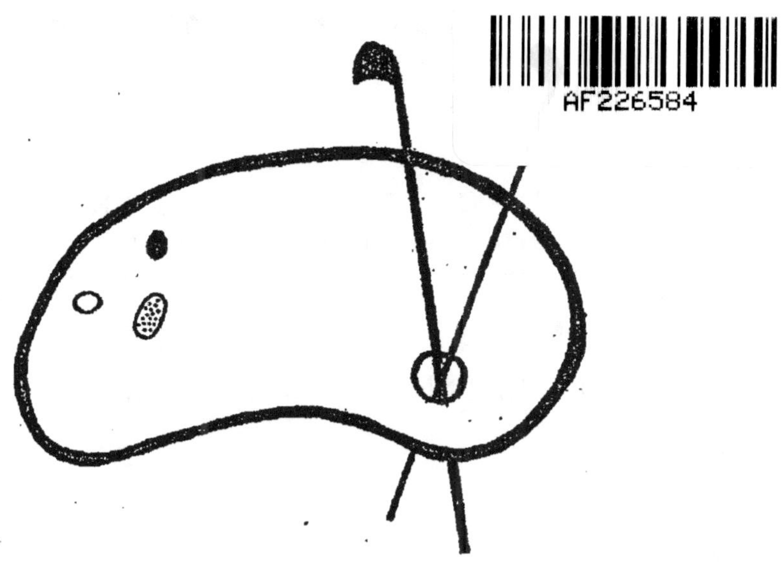

DEBUT D'UNE SERIE DE DOCUMENTS
EN COULEUR

CIENCE ET RELIGION
Etudes pour le temps présent

LE MOUVEMENT RELIGIEUX
EN ANGLETERRE AU XIXᵉ SIÈCLE

III

LE CATHOLICISME
EN ANGLETERRE

PAR LE

R. P. RAGEY

Mariste

PARIS
LIBRAIRIE BLOUD ET BARRAL
4, RUE MADAME ET RUE DE RENNES, 59
1900

SCIENCE ET RELIGION

Études pour le temps présent. — Prix : 0 fr. 60 le vol.

— **Certitudes scientifiques et certitudes philosophiques**, par le R. P. DE LA BARRE, S. J., prof. à l'Institut catholique de Paris.　1 vol.
— *Du même auteur :* **L'Ordre de la nature et le Miracle.**　1 vol.
— **L'Ame de l'homme**, par J. GUIBERT, supérieur du séminaire de l'Institut catholique de Paris.　1 vol.
— **Faut-il une religion ?** par l'abbé GUYOT.　1 vol.
— *Du même auteur :* **Pourquoi y a-t-il des hommes qui ne professent aucune religion ?**　1 vol.
— **Nécessité scientifique de l'existence de Dieu**, par P. COURBET.　1 vol.
— *Du même auteur :* **Jésus-Christ est Dieu.**　1 vol.
　　id.　　**Convenance scientifique de l'Incarnation.**　1 vol.
— **Etudes sur la pluralité des mondes habités et le dogme de l'Incarnation**, par le R. P. ORTOLAN
　I. — *L'Epanouissement de la vie organique à travers les plaines de l'infini.*　1 vol.
　II. — *Soleils et terres célestes.*　1 vol.
　III. — *Les Humanités astrales et l'Incarnation.*　1 vol.
— *Du même auteur :* **La Fausse Science contemporaine et les Mystères d'Outre-tombe.**　1 vol.
　　id.　　**Vie et Matière ou Matérialisme et spiritualisme en présence de la Cristallogénie.**　1 vol.
　　id.　　**Matérialistes et Musiciens.**　1 vol.
— **L'Au delà ou la Vie future d'après la foi et la science**, par l'abbé J. LAXENAIRE.　1 vol.
— **Le Mystère de l'Eucharistie. — Aperçu scientifique**, par l'abbé CONSTANT.　1 vol.
— *Du même auteur :* **Le Mal**, sa nature, son origine, sa réparation.　1 vol.
— **L'Eglise catholique et les Protestants**, par G. RONAIN.　1 vol.
— *Du même auteur :* **L'Inquisition**, son rôle religieux, politique et social.　1 vol.
— **Mahomet et son œuvre**, par I. L. GONDAL, professeur d'apologétique et d'histoire au séminaire Saint Sulpice.　1 vol.
— *Du même auteur :* **L'Eglise Russe**　1 vol.
— **Christianisme et Bouddhisme** (*Etudes orientales*), par l'abbé THOMAS, vicaire général de Verdun.　2 vol.
— *Du même auteur :* **Dieu auteur de la vie.**　1 vol.
　　id.　　**La Fin du monde d'après la Foi.**　1 vol.
— **Où en est l'hypnotisme**, son histoire, sa nature et ses dangers, par A. JEANNIARD DU DOT, auteur du *Spiritisme dévoilé*.　1 vol.
— *Du même auteur :* **Où en est le Spiritisme.**　1 vol.
　　id.　　**L'Hypnotisme et la science catholique.** 1 vol.
　　id.　　**L'Hypnotisme transcendant en face de la philosophie chrétienne.**　1 vol.

— **L'Apologétique historique au XIXe siècle. La Critique irréligieuse de Renan**, etc.. par l'abbé Ch. DENIS. 1 vol.

— **Nature et Histoire de la liberté de conscience**, par l'abbé CANET. 1 vol.

— **L'Animal raisonnable et l'Animal tout court**, par C. de KIRWAN. 1 vol.

— **La Conception catholique de l'Enfer**, par l'abbé BRÉMOND. 1 vol.

— **L'Attitude du catholique devant la Science**, par G. FONSEGRIVE. 1 vol.

— *Du même auteur* : **Le Catholicisme et la Religion de l'Esprit.** 1 vol.

— **Du Doute à la Foi**, par le R. P. TOURNEBIZE, S. J. 1 vol.

— *Du même auteur* : **Opinions du jour sur les peines d'outre-tombe.** 1 vol.

— **La Synagogue moderne**, sa doctrine et son culte, par A. F. SAUBIN. 1 vol.

— *Du même auteur* : **Le Talmud et la Synagogue moderne.** 1 vol.

— **Evolution et Immutabilité de la doctrine religieuse dans l'Eglise**, par M. PRUNIER, supérieur de grand séminaire. 1 vol.

— **La Religion spirite**, son dogme, sa morale et ses pratiques, par I. BERTRAND. 1 vol.

— *Du même auteur* : **L'Occultisme ancien et moderne.** 1 vol.

— **L'Hypnotisme franc et l'Hypnotisme vrai**, par le Docteur HÉLOT. 1 vol.

— **L'Eglise et le Travail manuel**, par l'abbé SABATIER. 1 vol.

— **Unité de l'espèce humaine**, *prouvée par la similarité des conceptions et des créations de l'homme*, p. le marquis de NADAILLAC. 1 vol.

— *Du même auteur :* **L'Homme et le Singe.** 2 vol.

— **Le Socialisme contemporain et la Propriété**, par M. G. ARDANT. 1 vol.

— **Pourquoi le Roman à la mode est-il immoral et pourquoi le Roman moral n'est-il pas à la mode ?** p. G. d'AZAMBUJA. 1 vol.

— **Comment se sont formés les Evangiles ?** par le P. Th. CALMES, professeur au grand séminaire de Rouen. 1 vol.

— **L'Impôt et les Théologiens**, *Etude philosophique, morale et économique*, par le comte de VORGES, ancien ministre plénipotentiaire, membre de l'Académie de Saint-Thomas, etc., etc. 1 vol.

— *Du même auteur* : **Les Ressorts de la Volonté et le libre arbitre.** 1 vol.

— **Nécessité mathémathique de l'existence de Dieu.** *Explications. — Opinions, Démonstrations*, par René de CLÉRÉ. 1 vol.

— **Saint Thomas et la Question juive**, par Simon DEPLOIGE, professeur de l'Université Catholique de Louvain. 1 vol.

— **Premiers principes de Sociologie Catholique**, par l'abbé NAUDET. 1 vol.

— **La Patrie.** — *Aperçu philosophique et historique*, par J. M. VILLEFRANCHE. 1 vol.

— **Le Déluge de Noé et les races Prédiluviennes**, par C. de KIRWAN. 2 vol.

— **La Saint-Barthélemy**, par Henri HELLO. 1 vol.

— **L'Esprit et la Chair.** *Philosophie des macérations*, par Henri LASSERRE, auteur de *Notre-Dame de Lourdes*, etc., etc. 1 vol.

— **Le Problème Apologétique,** par l'abbé C. Mano, docteur en philosophie.   1 vol.
— **Le Levier d'Archimède ou la Mécanique céleste et le Céleste mécanicien,** p. le R. P. Ortolan.   2 vol.
— **Ce que le Christianisme a fait pour la femme,** par G. d'Azambuja.   1 vol.
— **L'Hypnotisme et la Stigmatisation,** par le Dr Imbert-Gourbeyre.   1 vol.
— **L'Education chrétienne de la Démocratie,** *essai d'apologétique sociale,* par Ch. Calippe.   1 vol.
— **La Religion catholique peut-elle être une science ?** par l'abbé G. Frémont.   1 vol.
— *Du même auteur* : **Que l'Orgueil de l'Esprit est le grand écueil de la Foi,** *Théodore Jouffroy, Lamennais, Ernest Renan.*   1 vol.
— **La Révélation devant la Raison,** par F. Verdier, supérieur de Grand Séminaire.   1 vol.
— **Confréries musulmanes.** — *Histoire, Discipline, Hiérarchie,* par le R. P. Petit.   1 vol.
— **Pratique de la Liberté de conscience dans nos Sociétés contemporaines,** par l'abbé Canet.   1 vol.
— **Comment peut finir l'Univers,** d'après la science, par C. de Kirwan.   1 vol.
— **Les Théories modernes de la Criminalité,** par le Docteur Delassus.   1 vol.
— **Faillite du Matérialisme,** par Pierre Courbet, 3 vol. *se vendant séparément :*
  I. — *Historique.*   1 vol.
  II. — *Discussion ; l'atome et le mouvement.*   1 vol.
  III. — *Discussion ; l'éther, le gaz, l'attraction. Conclusion.* — *Appendice.*   1 vol.
— **Le Globe terrestre,** par A. de Lapparent, Membre de l'Institut, professeur à l'Ecole libre des Hautes Etudes, 3 vol. *se vendant séparément.*
  I. — *La Formation de l'écorce terrestre.*   1 vol.
  II. — *La nature des mouvements de l'écorce terrestre.*   1 vol.
  III. — *La Destinée de la terre ferme et la Durée des temps.*   1 vol.
— **De la Connaissance du Beau,** *sa définition, application de cette définition aux beautés de la nature,* par l'abbé Gaborit, archiprêtre de la Cathédrale de Nantes.   1 vol.
— **Le Diable dans l'Hypnotisme,** par le docteur Ch. Hélot.   1 vol.
— **De la Prospérité comparée des nations protestantes et des nations catholiques,** *au point de vue économique, moral, social,* par le R. P. Flamérion, S. J.   1 vol.
— **L'Art et la Morale,** par le P. Sertillanges, dominicain, docteur en théologie.   1 vol.
— **La Sorcellerie,** par I. Bertrand.   1 vol.
— **Qu'est-ce que l'Ecriture sainte ?** *Les Livres inspirés dans l'antiquité chrétienne : Théorie de l'inspiration,* p. le P. Th. Calmes. 1 vol.

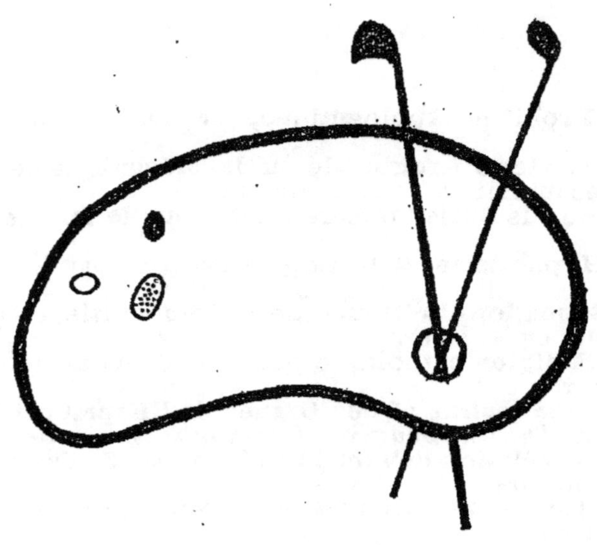

FIN D'UNE SERIE DE DOCUMENTS
EN COULEUR

SCIENCE ET RELIGION
Etudes pour le temps présent

LE MOUVEMENT RELIGIEUX EN ANGLETERRE AU XIXᵉ SIÈCLE

III

LE CATHOLICISME EN ANGLETERRE

PAR LE

R. P. RAGEY

Mariste

PARIS

LIBRAIRIE BLOUD ET BARRAL

4, RUE MADAME ET RUE DE RENNES, 59

1900

LE CATHOLICISME
EN ANGLETERRE

Parmi tous les spectacles de l'heure présente, il n'en est pas de plus extraordinaire et de plus digne d'attirer l'attention que celui que nous offre le retour de l'Angleterre au catholicisme.

§ I. — *Ce qu'il y a d'extraordinaire dans ce grand fait du retour de l'Angleterre à la foi catholique.*

Il n'y a plus à se demander aujourd'hui si l'Angleterre redeviendra catholique : depuis soixante ans elle le redevient tous les jours. C'est là un des faits les plus extraordinaires du XIXe siècle et peut-être de tous les siècles. L'histoire ne nous fournit point d'autre exemple d'un peuple qui, après être tombé du catholicisme dans l'hérésie ou l'infidélité, soit revenu à la foi catholique. Or, cette foi que les autres peuples peuvent bien perdre, mais qu'ils ne recouvrent jamais, le peuple anglais l'a deux fois perdue et deux fois recouvrée. Au moins est-il en voie de la recouvrer pour la seconde fois.

Il est absolument exact de dire — et c'est là un

fait unique dans l'histoire, — que deux fois l'Eglise catholique, après avoir été implantée sur le sol de la Grande-Bretagne, en a été déracinée par la tempête, et que deux fois elle y a été replantée. Elle y fut replantée, après une période d'infidélité qui avait succédé à une période de christianisme, une première fois, en 597, il y a treize siècles, par saint Augustin, l'envoyé de saint Grégoire le Grand. Elle y a été replantée de nos jours, en 1850, après trois siècles de protestantisme, par l'immortel Pie IX.

Le rétablissement de la hiérarchie catholique en Angleterre, en 1850, est un de ces événements — et en parlant ainsi nous n'exprimons pas seulement notre opinion personnelle, mais celle des juges les plus autorisés et, en particulier, du célèbre cardinal Manning, — c'est un de ces événements dont les proportions gigantesques ne peuvent être saisies qu'à distance. Nous en sommes trop rapprochés pour en bien mesurer toute la portée. Mais ce que nous voyons clairement dès aujourd'hui, c'est qu'il tiendra une très grande place dans l'histoire.

Cependant, le grand événement ce n'est pas le rétablissement de la hiérarchie, c'est la renaissance du catholicisme. C'est là qu'est le doigt de Dieu. La hiérarchie, les hommes peuvaient la rétablir. Le catholicisme, il était au pouvoir de Dieu seul de le faire renaître. Il le fait par une intervention qui, pour se renouveler tous les jours depuis plus d'un demi-siècle, n'en est pas moins visible et pas moins merveilleuse. Cette intervention divine, en effet, se renouvelle tous les jours par des conversions qui sont humainement inexplicables et qui, manifestement, viennent d'en haut. Car c'est un fait bien constaté et absolument incontestable que, dans la plupart de ces conversions, à commencer par celles de Newman et de Manning, les hommes ne sont pour rien. De tous les faits contemporains aucun n'est frappant comme le grand fait de ces conversions, surtout si on les prend dans leur ensemble.

§ II. — *Les conversions. Ce qu'un grand nombre d'entre elles exige d'héroïsme.*

En Angleterre, depuis un demi-siècle, des recrues, et les recrues les plus inattendues, les plus étonnantes, les plus inexplicables viennent tous les jours au catholicisme de tous les points de l'horizon intellectuel, et par toutes les voies, souvent par des voies dont elles-mêmes ne se rendent pas compte. Elles savent qu'elles sont arrivées : voilà tout.

Un grand nombre d'anglicans sont, par leurs convictions religieuses et par tout l'ensemble de leur vie, tellement près du catholicisme, qu'ils semblent n'en être séparés que par l'épaisseur d'un cheveu. La porte est ouverte devant eux : ils passent leur vie à la regarder : ils n'entrent jamais. D'autres se tiennent très loin et, tout d'un coup, la distance qui les séparait de l'Eglise est franchie. Hier, ils étaient des anglicans, ou des méthodistes, ou des baptistes obstinés, aujourd'hui, ils sont des catholiques convaincus. En Angleterre, ces renversements d'esprit se voient tous les jours : on a cessé d'y prendre garde et de s'en étonner.

Une autre chose à laquelle on s'est peu à peu habitué en Angleterre, au point de n'y plus faire attention, c'est l'héroïsme qu'un grand nombre de ces conversions exigent. Il n'est pas rare que des anglicans ne puissent embrasser le catholicisme sans se séparer de ce qu'ils ont de plus cher au monde, sans s'attirer l'inimitié de ceux qui, jusque-là les avaient le plus tendrement aimés, et souvent sans renoncer à leur fortune et à tous les avantages matériels d'ici-bas pour s'exposer à la misère (1).

C'est surtout le cas des ministres anglicans. Voici la peinture que l'un de ces ministres convertis, M. René Conder, fait des difficultés qui se dressent d'ordinaire devant ces sortes de conversions.

« Prenons le cas d'un clergyman bénéficier. Nous ne parlons pas de ceux qui possèdent de riches bénéfices ; il s'agit simplement d'un clergyman vivant dans une situation passablement aisée et confortable. »

« Il s'est frayé le chemin vers cette position en parcourant les degrés d'usage. Il a commencé par suivre les cours de l'Université, il a réglé toutes ses études sur le but qu'il avait en vue, et dirigé toute son éducation et son instruction vers cette fin destinée à être son état de vie. Sous certains rapports, il jouit d'une situation idéale ; il est probablement marié et il a des enfants ; il est entouré de son peuple pour lequel il est une autorité, un consolateur, un aide, un ami. Ses devoirs et ses travaux sont nombreux ou insignifiants selon l'idée que sa conscience lui fait concevoir du ministère. Il peut se faire aimer, respecter et quelquefois idolâtrer. Son temps, ses devoirs, ses services ne relèvent que de lui ; il ne tient qu'à lui que l'*otium cum dignitate* soit son partage. Il est en son pouvoir de vivre tranquille, content, libre,

(1) M. James Britten a raconté, dans l'opuscule sur sa conversion, les odieuses tracasseries dont il fut l'objet de la part de ses amis.

en prodiguant ses forces, si cela lui convient, dans
des travaux volontaires de charité, des visites fréquentes, des services multiples. Toute facilité lui
est donnée pour se livrer aux charmes de l'étude.
Il monte en chaire une semaine après l'autre ; prêt
à faire son possible pour enseigner, exhorter, avertir et consoler conformément aux lumières qui lui
viennent de son expérience, laquelle grandit
d'année en année. Autour de lui le cercle paisible
de la famille, l'assurance de son pain quotidien et
et une absence complète de toute préoccupation
inquiétante. »

« Soudain au milieu de cette harmonie, une note
discordante se fait entendre : c'est la manifestation
d'un premier « doute » qui se forme dans son
âme, ce doute frappe à la porte de son cœur et de
son intelligence et se fait ouvrir de force. Visiteur
inattendu et bien mal accueilli. »

« Lui, le prédicateur, est-il bien sûr de ce qu'il
annonce ? Lui, le maître, a-t-il des lettres de
créance bien authentiques ? Peu importe quelle
est la cause prochaine de ce doute ; peut-être est-
ce la lecture d'un article, la visite d'un moribond,
une page d'histoire qu'on a relue ; la paix, la joie,
la tranquillité de la foi sont perdues pour toujours. »

« C'est le commencement de la situation la plus
terrible en face de laquelle un honnête homme
puisse se trouver ici-bas ; c'est le commencement
de la lutte entre ce monde et l'autre, car, à moins
qu'on ne l'étouffe et qu'on ne réussisse à l'écarter,
ce doute croîtra et se développera. »

« Il tend à produire un résultat qui impliquera
le bouleversement de toute une vie, le brisement
de tous les liens qui sont chers et personnels, la
nécessité d'affronter un changement inconnu et
incertain de son entourage et de son genre de vie ;
enfin le sacrifice de ses goûts personnels, de ses

aises, de toutes ses espérances. La vérité, l'honneur, le respect de soi poussent d'un côté ; le « bon sens », l'attachement au monde, les nécessités de la vie, de l'autre. C'est cette lutte étrange entre la croyance et la bourse, entre la foi et les biens temporels, lutte qui ne saurait exister que dans le cas d'un homme dont la paix quotidienne dépend de la foi qu'il professe et qu'il enseigne aux autres. »

« Il y va des affections les plus fortes du cœur humain, car cet homme ne manque pas de jeter un regard autour de lui sur son foyer, sur son épouse et sur ses enfants, sur les mille petites divinités bien humbles sans doute, mais aussi bien chères de son intérieur. Il aperçoit la table à laquelle il s'asseyait pour préparer ses sermons, ses appartements ensoleillés, le jardin à travers lequel il prenait si souvent le chemin de l'église à l'appel des cloches. Il voit les visages qui se tournaient vers lui alors qu'il officiait, les enfants qu'il a instruits dans les écoles, les jeunes couples qu'il a mariés, les places laissées vides par ceux qu'il a enterrés. »

« Il y avait là tant de choses propres à rendre la vie agréable, de faciles ambitions satisfaites, un sort si heureux ! Et au-dessus de tout cela apparaît le doigt de la Vérité montrant un chemin qui conduit dans un vrai désert !

« Il y a aussi des considérations secondaires, la perte certaine de ses amis, les motifs qu'on suppose à une démarche semblable, les luttes de la famille, les critiques de ceux qui ne se sont jamais trouvés dans de telles circonstances et aux yeux de qui l'abandonnement de tout paraît pire qu'un acte de folie... »

« Enfin il faut se résoudre au plongeon inévitable et irrévocable. La vérité triomphe. Un coup violent brise les vieilles attaches. »

« Le fardeau spirituel est déposé, maintenant c'est au corps de supporter le poids d'un nouveau fardeau, le fardeau temporel. Heureux celui qui, ayant une épouse, la trouve en conformité de croyance avec lui ! Courageux est l'homme qui, dans le cas contraire, n'en persévère pas moins dans la voie de la pénurie, des privations, de la perte de sa position, et dans cette incertitude absolue de l'avenir où il se voit contraint de précipiter ceux qui lui tiennent de plus près et lui sont les plus chers, pour suivre ce qui lui sera certainement reproché comme son « dernier tic. »

« La pression exercée par la conviction de la vérité est une force inconnue à ceux qui passent leur vie dans le bonheur et le contentement que leur donnent des opinions qu'ils se sont formées eux-mêmes... »

« La bataille spirituelle une fois gagnée, on voit alors apparaître dans leur brutale réalité, les nécessités de la vie, la recherche d'un emploi au marché de ceux qui vivent d'un salaire, la quête d'ouvrage fatigante et chaque jour recommencée, tandis que les modiques épargnes diminuent de plus en plus. On vend les meubles, les petits bijoux, les cadeaux, les ornements, précieuses reliques du passé ayant chacune sa petite histoire. On parcourt, dans la colonne des annonces, celle des demandes : chacune fait naître un rayon d'espoir, et, en fin de compte, on rentre à la maison dans un état de désappointement. »

« C'est une place de commis ne rapportant que 60 livres sterling (1500 francs) par an, pour laquelle il y a 300 candidats, et parmi eux bon nombre d'hommes instruits et habiles, gradués de l'Université, tous luttant pour arriver au plus bas degré de cette échelle si basse. C'est une Compagnie qui demande un homme de confiance comme secrétaire. Vous y rencontrez le citadin bien nourri qui a fait insérer l'annonce. Mais il exige, vous l'apprenez bientôt, qu'on fasse en faveur de son entreprise, le placement de quelques centaines de livres sterling afin de s'assurer une situation aussi lucrative et particulièrement avantageuse. »

« Les travaux littéraires sont refusés : ils ont peut-être de la valeur, mais il leur manque la recommandation d'un nom connu, et ils sont par là même sans mérite à une époque où c'est l'invidualisme, et non le mérite, qui garantit le succès. »

« A mesure que les mois s'écoulent on cherche un logement à un prix de plus en plus bas, des logements tels qu'en fournissent nos grandes cités : deux appartements au fond d'une maison, des chambres sans air et malpropres. A des habitudes raffinées, à une modeste aisance, à une bonne table succèdent une mauvaise cuisine, et des expédients sans fin pour que « cela puisse aller ». Le pauvre converti ne s'en voit pas moins obligé de payer des loyers et des prix qui dépassent ses ressources, et ses amis, dans leurs demeures confortables, lui conseillent sans cesse de chercher quelque chose de moins coûteux et de diminuer toujours ses dépenses. »

« Alors on vend ce qui reste; les habits sont usés; on voit apparaître l'inévitable horreur de vivre dans les dettes, ou de charités ; car le travail ne vient pas. Les recherches sont toujours suivies partout des mêmes réponses : On verra plus tard, on ne voit rien pour le moment, on s'en souviendra. Les jours, les mois se passent. Bientôt arrivent les termes, les factures. Une maladie se déclare; la visite du médecin apporte la crainte d'un nouveau fardeau ; sa voiture à la porte ajoute à l'état du malade une anxiété d'une autre sorte. »

« Représentez-vous dans le détail la position de cet homme d'un âge mûr qui se voit contraint de commencer un nouveau genre de vie sans aucun des avantages dont jouissent la plupart des commençants. Il est dépourvu de l'instruction spéciale et de l'expérience qu'exigent la plupart des situations : tout au moins chacun le considère comme tel. Et le voilà jeté sur le marché du travail où chaque jour les offres deviennent plus nombreuses à mesure que les demandes diminuent. Le monde enseignant est encombré, et, comme conséquence, les traitements diminuent de plus en plus. Sauf le cas d'un talent exceptionnel, les abords du monde littéraire ne s'ouvrent qu'avec une clef d'or... »

« Quand ces convertis sont des clergymen qui ne sont pas des bénéficiers, mais de simples vicaires ne touchant qu'un traitement modeste, un traitement de 150 livres (3,750 francs) par exemple, le sacrifice peut paraître moins grand. Mais il faut bien se rappeler qu'outre le traitement qui lui est alloué actuellement, et qui constitue souvent toute la fortune d'un ministre anglican, il y a le sacrifice de l'avenir. Ce jeune clergyman vise à un bénéfice futur. Combien ont renoncé à ces espérances au moment même où ils se croyaient assurés de leur réalisation ! »

« C'étaient des sujets remarquables, dans la prédication ou par leur travail paroissial et leur talent d'organisation ; c'étaient des hommes plus ou moins distingués, qui, jeunes encore, voyaient jusqu'au dernier moment, des offres venir à eux... »

« Ainsi la seule idée d'un ministre anglican converti fait naître dans l'esprit l'idée d'un contraste bien simple : d'un côté une honnête aisance, une position assurée, l'absence de toute inquiétude, une situation qui plaît à la nature sous une foule de rapports ; de l'autre la misère, la pénurie, les deux chambres au fond d'une maison, et tout ce qui s'en suit. D'un côté le respect, une place marquée dans la société, une demeure fixe et une vie assurée ; de l'autre une suite de dérisions, la recherche incertaine du travail, des demandes sans succès, le recours à la charité, ou une vie de dettes. On était considéré comme le centre d'un petit monde, et maintenant il faut paraître dans la vie comme un inconnu, subir des humiliations sans nombre et se trouver constamment sous l'impression d'un échec. »

M. René Conder fait ensuite cette observation que les anglicans convertis « sont devant le monde entier un témoignage vivant de la puissance que la vérité a de prévaloir, *a living testimony before the world for the prevailing power of the truth* (1) ».

C'est là un fait de grande importance sur lequel il convient d'attirer l'attention de ceux qui refusent de croire à la vérité de notre sainte religion. Il n'y a que la vérité qui puisse remporter de pareilles victoires. Si le catholicisme n'est pas la vérité, d'où lui vient la puissance de subjuguer ainsi les âmes ? Comment se fait-il que cette puissance n'appartienne qu'à lui seul ? Le protestantisme a aussi ses convertis sans doute. Mais outre qu'ils sont beaucoup moins nombreux que les convertis catholiques, ces conversions ne sont jamais telles qu'on ne puisse les expliquer autrement que par la force de la vérité. Combien y en a-t-il qui ne puissent être attribuées à des motifs humains et qui soient le résultat évident des plus héroïques sacrifices ?

Ces héroïques conversions des anglicans au catholicisme sont donc bien un témoignage vivant de sa vérité, un témoignage éclatant, saisissant et d'une force irrésistible. Il n'y a pas que les témoins *qui se font égorger* qui soient assez éloquents pour gagner les âmes droites à leur cause. Il y a aussi les témoins qui, de riches qu'ils étaient se laissent réduire à la mendicité, et qui n'hésitent pas à échanger contre une vie passée au milieu des honneurs et de l'aisance une vie condamnée au mépris et à la misère.

(1) *The Month*, n° de mai 1897.

Les conversions des ministres anglicans ne sont pas les seules qui présentent fréquemment ce caractère d'héroïsme. Combien d'autres anglicans convertis n'ont pu embrasser le catholicisme qu'en creusant un abîme désormais infranchissable entre eux et leur famille, entre eux et leurs amis, en se résignant à être déshérités, délaissés, repoussés de ceux qui les estimaient et les aimaient, et en se condamnant à mener, parfois loin de leur chère Angleterre, une vie de privations quand ce n'est pas une vie de misère !

En même temps qu'elles sont un témoignage de la vérité du catholicisme, ces héroïques conversions forment une preuve irrécusable de la vitalité, de l'énergie, de la générosité et de l'élévation qu'on est bien forcé de reconnaître dans la race anglaise. En France nous nous représentons volontier les anglais comme un peuple de marchands, de spéculateurs et d'exploiteurs sans principes, emporté par une ambition sans frein. Que l'Angleterre soit une nation mercantile, envahissante, et ambitieuse, et que son ambition l'ait emportée plus d'une fois au delà des bornes de la justice, il n'est pas possible de le contester. Mais on aurait grand tort de nier qu'elle ne soit, en somme, une nation religieuse, une race forte, énergique, élevée, qui sait former des hommes, et où abondent les caractères nobles et les sentiments généreux. Que ceux qui en doutent se demandent à eux-mêmes si, uniquement pour tranquilliser leur conscience et assurer leur salut éternel, ils auraient le courage d'accomplir la dixième partie des sacrifices que des anglais, en grand nombre, accomplissent tous les jours, en passant de l'anglicanisme au catholicisme.

Ces conversions dont un certain nombre sont véritablement héroïques, ne sont pas des accidents extraordinaires et des phénomènes qui apparaissent de loin en loin. Depuis plusieurs années, il ne se passe pas de mois où l'on ne compte, en moyenne, environ six cents conversions.

§ III. — *Chacun de ces convertis a sa physionomie particulière.*

Un certain nombre de ces convertis ont fait connaître au public les motifs qui les ont déterminés à cette démarche. Ils lui ont raconté par quelles réflexions, quels incidents, quels événements sinon extérieurs, du moins par quels événements intérieurs de l'âme ils ont été amenés à passer de l'Eglise anglicane à l'Eglise catholique, et à la suite de quelles angoisses, de quelles hésitations, de quels retournements de pensées et de sentiments, de quelles crises, et au prix de quels sacrifices ils ont accompli ce grand acte.

De toutes ces relations les deux plus explicites et les plus détaillées sont celle de Newman : *Histoire de mes opinions religieuses* et celle de M. Chapman : *L'âme anglicane.* Il en existe d'autres. Contentons-nous de mentionner celle de Lady Herbert : *Comment j'entrai au Bercail,* celle de M. James Britten : *Pourquoi j'ai quitté l'Eglise d'Angleterre,* et celle de M. Kegan Paul : *Confessio viatoris* (1).

Toutes ces histoires de conversions sont intéressantes au point de vue psychologique aussi bien

----

(1) M. Kegan Paul après avoir publié ce récit dans la revue des Pères jésuites anglais : *The Month,* et ensuite en brochure, vient de le faire paraître de nouveau dans un volume plus considérable renfermant les Mémoires de toute sa vie : *Memories by Kegan Paul.*

qu'au point de vue religieux. Tous ces convertis
ont leur physionomie particulière. On n'en trou-
verait pas deux qui soient arrivés à l'Eglise par le
même chemin. « Qui dira les mystères de l'âme ?
Comment on se détache d'une croyance, ou comment on y vient d'une autre ? Et nous-mêmes le sa-
vons-nous toujours ?.... En réalité, sachons le bien,
toute conversion est affaire individuelle ; et nous
n'avons rien qui nous soit plus personnel à chacun que nos motifs de croire, ni qui échappe plus
complètement, sinon peut-être à toute analyse, du
moins à toute généralisation (1). »

Newman arrive à la vérité par l'étude, le déve-
loppement intellectuel qui se fait en lui, de lon-
gues et sérieuses réflexions auxquelles il joint
la prière et une grande fidélité à correspondre à
la grâce qui lui est donnée et à suivre la lumière
divine là où elle le mène.

M. Chapman est amené peu à peu au catholicisme par ses répugnances chaque jour crois-
santes à accepter la suprématie du pouvoir temporel sur l'Eglise, par la vue qui devient chez lui
claire jusqu'à l'évidence qu'il est impossible de
demeurer dans l'Eglise anglicane sans accepter la
suprématie de l'Etat en matière religieuse, et
qu'accepter cette suprématie c'est aller contre
l'Evangile.

Lady Herbert se sent mal à l'aise dans l'anglicanisme, comme dans une religion qui ne donne
satisfaction ni à son intelligence, ni surtout à ses
sentiments. « Après la mort de mon mari, raconte-
t-elle, je vis pleinement ce que c'était que d'ap-
partenir à une Eglise en laquelle je ne croyais pas,
et qui ne reconnaissait pas les prières pour les
morts. Ma belle-mère m'avait dit autrefois que

______

(1) M. BRUNETIÈRE. — *Le catholicisme aux Etats-Unis*, *Revue
des Deux Mondes*, n° du 1er novembre 1898.

c'était la seule chose qu'elle ne put supporter dans l'Eglise d'Angleterre. Pour moi la chose était simplement impossible. J'avais prié pour mon mari, alors qu'il vivait encore, pendant vingt ans. Comment aurais-je pu cesser de le faire ? »

Malgré ce malaise Lady Herbert demeura longtemps encore là où elle était. Si des sentiments très vifs l'attiraient vers le catholicisme, d'autres sentiments non moins forts la rivaient en quelque sorte à l'anglicanisme, et, entre autres, l'attachement à ses enfants, dont sa conversion l'eut obligée à se séparer, et la difficulté de renoncer à des œuvres commencées qui lui tenaient au cœur. Une lutte terrible s'engage en elle et dure des années. Elle a recours à la prière. Plusieurs de ses amies livrées aux mêmes angoisses cherchent le même remède. « Nous adoptâmes une pratique que je recommande vivement à tous ceux qui cherchent honnêtement la vérité et la volonté de Dieu : c'était de réciter tous les jours la prière à l'Esprit Saint : *Deus qui corda fidelium* et le *Veni Sancte Spiritus.* Je connais un bon nombre de personnes qui doivent à cette pratique leur entrée dans l'Eglise. Après tout ce n'est point là une question d'*A* plus *B*. Il s'agit de l'âme de chacun de nous, et personne ne peut décider pour nous. Comme aussi quelle que puisse être l'influence des arguments et de la logique sur l'esprit humain, je suis de plus en plus convaincue que ce ne sont pas ces moyens là qui produisent les conversions. »

Un jour, au cours d'un voyage en Italie, Lady Herbert, depuis longtemps attirée vers les cérémonies catholiques assiste à une bénédiction du Saint Sacrement. Tout d'un coup la lumière d'en haut l'envahit. Le monde extérieur disparaît à ses yeux. Le temps s'écoule sans qu'elle en ait conscience. Où est-elle ? Elle ne le sait plus. Tout ce qu'elle sait c'est que Notre-Seigneur la presse de se rendre. Elle se rend ; le lendemain elle fait son abjuration et entre dans l'Eglise.

M. James Britten est élevé dans la Haute Eglise. Jusqu'à l'âge de dix-huit ans il n'a fréquenté que des églises ritualistes et entendu que des sermons ritualistes. A l'âge de dix-huit ans il va habiter une autre partie de l'Angleterre, et se trouve dans une paroisse où un ministre appartenant à la Basse Eglise enseigne le contraire de ce qu'on lui a enseigné jusque là. Ses yeux commencent à s'ouvrir. Il regarde autour de lui et se rend compte qu'il n'y a dans l'Eglise anglicane ni unité, ni autorité. Ce qu'il ne pouvait trouver dans l'Eglise anglicane, il le chercha et le trouva dans l'Eglise catholique.

C'est la voie par laquelle un grand nombre d'anglicans sont arrivés au catholicisme.

Pour M. Kegan Paul les choses se passent un peu différemment. Le positivisme d'Auguste Comte est l'étrange radeau qui le porte au catholicisme. Ministre anglican, le spectacle de l'état chaotique de l'Eglise qu'il représente lui fait perdre la foi. Il renonce à sa position de Clergyman, se lance dans le commerce de la librairie, et devient un des grands éditeurs de Londres. Le système philosophique d'Auguste Comte donne quelque temps satisfaction à son esprit. Mais un jour vient où il se trouve dans un état d'âme qui demande autre chose. « Le positivisme, dit-il, est assez de saison quand on se sent fort, heureux, à l'abri de la tentation ou bien tenté sans en avoir conscience, et tant que la pensée de la vie future et de ce qu'elle peut réserver de terrible n'a point pénétré dans l'esprit ; mais il ne dit rien à ceux qui sont dans la douleur ou qui sont chargés de péchés ; il ne peut ni ramener les égarés, ni venir en aide à l'heure de la mort. »

Dégoûté du positivisme et ne sachant à quoi s'at-

tacher M. Kegan Paul se met à lire Newman. Cette lecture fait entrer dans son esprit la conviction qu'il n'y a pas de milieu entre le catholicisme et la plus complète incrédulité. L'incrédulité complète il y est, mais il en souffre, et il ne peut y rester. Il marche à son insu vers le catholicisme. Il se fait en lui un travail intellectuel et surtout un travail d'âme où la lecture quotidienne de la lecture d'un chapitre de l'*Imitation* entre pour une grande part. Auguste Comte conseille cette lecture à ses disciples, en leur recommandant seulement la précaution de lire l'*humanité* là où l'Imitation dit *Dieu*. C'est sur la recommandation du fondateur de positivisme que M. Kegan Paul, s'est mis à cette lecture. A la fin, il ne s'en faut pas beaucoup qu'il ne lise *Dieu* et non l'*humanité*. Car il ne voit pas le moyen de nier certains faits qui lui semblent bien révéler l'existence de Dieu, et en particulier les miracles. Quelques-uns lui paraissent prouvés par l'histoire, et il ne peut se défendre de croire à ceux de Lourdes. Un de ses amis a été l'objet de l'un de ces miracles, d'un miracle qu'il lui est impossible de nier.

Il n'est plus positiviste, il n'est pas encore catholique ; seulement il se sent porté à le devenir. Il le devient tous les jours un peu. Il prie dans les églises catholiques, il assiste même fréquemment à la messe. Cet état dure plusieurs années. Il est sur le chemin de la vérité sans savoir s'il y arrivera jamais, et tout d'un coup il se trouve au terme. Rien de nouveau n'est survenu pour lui si ce n'est qu'hier encore la vérité du catholicisme lui apparaissait enveloppée de nuages et qu'aujourd'hui elle se montre à lui vive et radieuse. Le lendemain de la mort de Newman qui, on peut le croire, lui obtenait cette grâce du haut du ciel, il abjure l'anglicanisme auquel depuis longtemps il ne croyait plus et il embrasse le catholicisme

auquel maintenant il croit de tout son cœur. Aux
sécheresses et aux aridités d'âme qui avaient été
jusque-là son partage, succèdent une ferveur sensible et les consolations de la foi. Non seulement
il croit au monde invisible, mais il lui semble
qu'il le voit et qu'il le touche.

M. Kégan Paul nous assure que, loin de diminuer, cette ferveur et ces consolations, depuis dix
années, n'ont fait qu'augmenter, et sont aujour-
d'hui plus vives encore qu'il y a dix ans.

§ IV. — *Défalcation à faire.*

Il n'en est pas ainsi pour tous les convertis. Ce
n'est point que chez eux la ferveur soit rare au
début. Mais il arrive parfois que cette ferveur est
indiscrète et les porte à des exagérations dans les-
quelles ils ne peuvent se soutenir et d'où, par une
réaction inévitable, ils tombent dans le relâche-
ment. D'autres se lassent peu à peu d'une vie qui
exige de continuels sacrifices. Ils regrettent leur
ancienne religion comme étant plus commode
pour la nature et ils finissent par y retourner. Il
en est aussi chez qui la conversion était une affaire
d'impression beaucoup plus qu'une affaire de conviction. L'impression passée ils se retrouvent anglicans, et ils passent du catholicisme qu'ils ont em-
brassé à l'anglicanisme avec la même légèreté et la
même inconsistance qu'ils ont passé de l'anglicanisme au catholicisme. On a constaté aussi qu'un
certain nombre de convertis n'ont pas persévéré
parce que chez eux l'instruction religieuse man-
quait. Leur conversion avait été trop hâtive, et

n'avait été précédée ni de la préparation nécessaire ni d'une épreuve sulfisante. L'édifice s'est écroulé parce qu'il péchait par la base. Dans le synode de 1894, le cardinal Vaughan « appelait de nouveau l'attention de son clergé sur l'absolue nécessité de donner une instruction profonde aux convertis avant de les recevoir dans l'Eglise ». Les actes du synode ajoutent : « Les prêtres qui ont eu le privilège de recevoir des convertis dans l'Eglise ont le devoir d'avoir l'œil ouvert sur eux pendant plusieurs années après et de s'intéresser à eux comme un père s'intéresse à ses enfants (1). » Plusieurs reçoivent des mauvais traitements de leur famille, des persécutions ou des railleries auxquelles ils sont en butte, ou simplement de l'influence du milieu dans lequel ils vivent un choc auquel leur foi ne résiste pas.

A ces convertis inconstants s'ajoutent, pour grossir les rangs de l'anglicanisme, des recrues d'un autre genre : des catholiques de naissance qui, n'ayant pas le courage de pratiquer leur religion, l'échangent pour une qui les gênera moins, qui ne les gênera même pas du tout, et de pauvres irlandais, hélas ! démoralisés par la misère qui cèdent à l'appât d'une position meilleure.

Toutes ces défections réunies ne vont pas loin. Encore existent-elles et quand on parle des progrès du catholicisme en Angleterre et du mouvement des conversions, il n'est que juste d'en tenir compte. Du reste, elles n'empêchent nullement que ce mouvement de conversions qui donne à l'Eglise catholique en Angleterre sa physionomie particulière, ne soit un spectacle magnifique, et un phénomène véritablement marqué au coin du surnaturel.

(1) *Synodus diœcesana Westmonasteriensis trigesima tertia,* p. 20.

§ V. — *La continuité du mouvement de conversions ne peut s'expliquer que par la continuité du mouvement de prière.*

D'où vient, en effet, le mouvement mystérieux qui amène au catholicisme de tous les partis de l'Eglise anglicane et de toutes les sectes, comme par une sorte de marée régulière, des esprits et des âmes de toutes les trempes et de toutes les valeurs, égarés dans des directions différentes par les idées, les principes, les préjugés les plus opposés ? Quelles causes naturelles lui assigner ? On a dit que c'était là un résultat des communications plus fréquentes de l'Angleterre avec le Continent, de l'abolition au moins partielle des privilèges attachés aux diverses classes de la société, de la diffusion de l'instruction parmi le peuple, de la diminution des préjugés en général, et de l'essor donné aux recher·ches historiques en Angleterre. Toutes ces causes naturelles, et probablement d'autres encore, peuvent concourir à ce résultat, mais aucune d'elles, prise isolément, ni toutes ces causes réunies ne sauraient l'expliquer. Entre ces causes et l'effet, la disproportion est sensible. Plus on examine de près comment ces conversions s'opèrent, plus on est frappé de cette disproportion.

A toutes les causes que nous venons d'indiquer il faut en ajouter une autre qui est la principale, la grande cause. Personne ne l'a mieux comprise et mieux mise en relief que le cardinal Vaughan. Laissons lui la parole.

« La grande source cachée de ce courant de conversions, c'est la puissance surnaturelle de la prière.

Depuis la révolte du xviᵉ siècle, on n'a cessé de prier pour la conversion de l'Angleterre avec ferveur, avec confiance et avec persévérance, comme on ne l'a fait pour aucun autre pays chrétien. »

Le cardinal raconte ensuite la longue et touchante histoire de cette prière persévérante pour l'Angleterre. Il ajoute :

« Nous ne saurions, en ces temps d'activité, imprimer trop profondément dans nos âmes cette conviction que la prière doit être le principal instrument de la conversion de l'Angleterre... On a vu des fils aînés envisager sans crainte le danger auquel ils s'exposaient d'être déshérités, de timides jeunes filles braver les tempêtes suscitées par leur famille, et, sans s'inquiéter de voir la porte de leur propre maison se fermer sur elles, s'en aller résolument dans les ténèbres et le froid de la nuit, sans un ami, sans abri, plutôt que de manquer de répondre à l'appel de la foi. Cela ne peut s'expliquer par une cause purement humaine. Impossible de ne point voir là l'œuvre de la grâce et le triomphe de la prière. »

« Une foule d'âmes sont entrées dans l'Eglise, qui n'avaient jamais parlé à un prêtre, ni entendu un sermon catholique. Mais elles avaient prêté l'oreille à une voix qui parlait au-dedans d'elles. »

C'est en 1890, avant d'être cardinal et avant d'être archevêque de Westminster, pendant qu'il était évêque de Salford que Mgr Vaughan parlait ainsi dans un mémoire lu dans une des séances de la *Catholic Truth Society*, et publié ensuite sous ce titre : *La conversion de l'Angleterre par la puissance de la prière*. Cette conviction que le mouvement des conversions au catholicisme est le résultat de la prière des catholiques, et que plus ces prières se multiplieront, plus ce mouvement s'accentuera, cette conviction est comme l'âme de l'apostolat déjà long du cardinal, de cet apostolat qui lui vaut, d'un côté, l'admiration et les sympathies des catholiques et, de l'autre, les invectives et la haine des anglicans.

Cette conviction est également celle de Léon XIII. Comment peindre le zèle du grand pontife pour la conversion de l'Angleterre ? Les faits en disent, à ce sujet, plus long que ne pourraient le faire les plus éloquentes paroles.

Le 23 août 1896, le Saint Père adressait au cardinal Vaughan la lettre suivante :

. « Nous n'avons pas besoin de vous rappeler notre spéciale affection pour l'Angleterre, ou Notre ardent désir de pourvoir de toutes façons au bien spirituel de ses fils. Vous en avez déjà des preuves nombreuses. Il est un point, cependant, à la haute importance duquel vous et vos frères dans l'épiscopat ne manquerez pas de prêter attention et qui Nous occupe grandement à l'heure actuelle. Il Nous a conduit à former un projet que Nous Nous hâtons de recommander à votre zèle et par vous à la charité généreuse des catholiques d'Angleterre. »

« Nous ne pouvons considérer sans une émotion profonde la situation pénible et parfois désespérée des clergymen anglicans convertis qui, obéissant avec promptitude à l'appel de la divine grâce, sont entrés dans l'Eglise catholique. Après avoir renoncé, en bien des cas, à une position aisée et confortable, ils se trouvent tout d'un coup, une fois convertis, dans un état de fortune très critique et quelquefois dans une pauvreté absolue, n'ayant aucune ressource pour pourvoir à leur entretien et aux besoins de leurs familles. Par leur naissance, par leur éducation et leurs habitudes de vie, ils ne sont nullement préparés à de si énormes sacrifices. Et quant à ces privations s'ajoutent les cruelles angoisses des amitiés rompues et de l'isolement social, il y a à peine lieu de s'étonner si quelques-uns sentent le courage leur manquer. Beaucoup, Nous le savons, ont fait tous les sacrifices pour suivre sans retard la voix de leur conscience et embrasser la vérité. Ces beaux exemples vous sont connus et ils méritent plus d'éloges qu'il ne Nous est possible d'en donner. Ils se sont rappelé, avec raison, que, quand il s'agit du bonheur de son âme, il ne faut céder à aucune considération temporelle, quoi qu'il en coûte. Dieu leur donnera un jour la récompense d'un centuple que lui seul peut donner. Néanmoins, faire ce qu'ils ont fait est presque un acte héroïque dont la pensée peut faire hésiter ceux d'un courage moindre et retarder le pas décisif jusqu'au moment où il sera trop tard. »

« C'est pourquoi Nous désirerions venir en aide à ceux qui ont fait ce pas ou sont sur le point de le faire. A cette fin, le projet que Nous avons conçu, et que Nous vous proposons, serait la formation, en Angleterre, d'un capital considérable destiné à secourir les ministres anglicans convertis. Notre but n'est pas, ne saurait être, de leur procurer une position supérieure ou même égale à celle qu'ils ont si généreusement sacrifiée ; ils auraient encore des privations à endurer. Mais nous désirerions au moins leur assurer le moyen de pourvoir à leurs nécessités les plus urgentes durant les premières années qui suivent leur conversion, jusqu'à ce qu'ils soient capables de trouver par eux-mêmes les ressources nécessaires pour vivre honorablement..... »

Bien entendu, cet appel du Saint Père a été entendu et cette caisse de secours a été fondée.

Léon XIII ne s'en est pas tenu là. Par une Constitution en date du 29 décembre 1898, il a fondé à Rome un séminaire destiné à recevoir les ministres anglicans convertis qui désireraient se préparer à la prêtrise. Il a donné à ce séminaire le nom de *Collège Saint-Bède*. Cette fondation demeurera un monument non seulement du zèle du grand pontife pour la conversion de l'Angleterre, mais encore de son inépuisable charité. Le Saint Père l'a faite entièrement à ses frais. Après avoir préparé un logement convenable pour ces futurs aspirants au sacerdoce, il a tiré du trésor pontifical une somme de 400,000 francs qu'il a envoyée au cardinal Vaughan, en Angleterre, pour constituer, sous l'administration de l'archevêque de Westminster, la dotation perpétuelle du *Collège Saint-Bède*.

Ce sont là les préparatifs pour recueillir la moisson. Mais les moyens de rendre cette moisson assurée, et de la procurer abondante, Léon XIII n'y a-t-il pas pourvu ? Oh ! sans aucun doute il y a pourvu, et même d'une manière admirable. Pour le grand pape comme pour l'éminent archevêque de Westminster, ces moyens se résument dans la prière. Le 14 avril 1895, il commence par s'appliquer à faire comprendre à tous, dans sa *Lettre aux Anglais*, que les nombreuses conversions qui se sont opérées depuis un demi-siècle sont le fruit de la prière, et que c'est à la prière qu'il appartient d'achever l'œuvre commencée.

Par un Bref du 23 août 1897, Léon XIII a établi à Saint-Sulpice l'*Archiconfrérie de Notre-Dame de Compassion* destinée, dans sa pensée, à devenir une immense association de prières pour le retour de l'Angleterre à la foi catholique. « Il est, dit-il dans ce Bref, il est d'un extrême intérêt pour Nous (et la chose, d'ailleurs, le demande elle-même) que cette pieuse association se propage au loin et en tous sens ; et c'est le motif pour lequel Nous exhortons vivement tous les catholiques qui, non seulement en France, mais dans l'univers entier, ont à cœur les intérêts de la religion, à lui donner leurs noms. »

Nous avons tenu à mettre en plein relief le lien étroit et nécessaire qui, dans la conviction intime de Léon XIII et du cardinal Vaughan, relie le mouvement des conversions en Angleterre à la prière comme l'effet à sa cause. Il y a là de quoi faire réfléchir ceux qui n'ont pas la foi. Car, d'une part, Léon XIII et le cardinal Vaughan ne passent pas précisément pour des esprits étroits et superstitieux, et, d'autre part, le grand phénomène qui dure depuis plus d'un demi-siècle et qui continue toujours est indéniable. Si l'on écarte l'explication catholique, quelle autre pourra-t-on lui substituer?

§ VI. — *Organisation et vie catholique. Rentrée des religieux en Angleterre.*

Nous nous sommes étendu sur le fait de ces conversions incessantes et pour ainsi dire régulières, parce qu'il présente un des phénomènes les plus extraordinaires à le considérer en lui-même, et un des plus propres à faire reconnaître l'action de Dieu et de sa grâce, et aussi parce qu'il constitue un des traits caractéristiques de l'Eglise catholique en Angleterre, et lui donne sa physionomie propre. C'est une Eglise composée en grande partie de convertis dont la plupart conservent, jusque dans la profession la plus sincère du catholicisme, des traces plus ou moins sensibles de leur première religion.

Mais ce mouvement de conversions ne nous montre pas l'organisation de l'Eglise catholique en Angleterre, la vie qui circule en elle, ses hommes, ses œuvres, ses progrès et ses développements en tous sens, l'éclat qui l'environne au dehors, le prestige qu'elle exerce et la place qu'elle occupe dans la nation. Si l'on veut faire connaître le catholicisme en Angleterre, toutes ces choses doivent être dites.

Commençons par dire un mot des diocèses et de leur clergé.

L'Angleterre, sans compter l'Irlande et l'Ecosse, est divisée en 16 diocèses : l'archidiocèse de Westminster compte 415 prêtres et 133 églises ou chapelles ;

Le diocèse de Birmingham, 259 prêtres et 134 églises ;

Le diocèse de Clifton, 100 prêtres et 50 églises ;

Le diocèse d'Hexham et Newcastle, 178 prêtres et 123 églises ;

Le diocèse de Leeds, 128 prêtres et 91 églises ;

Le diocèse de Liverpool, 409 prêtres et 171 églises ;

Le diocèse de Middlesbrough, 80 prêtres et 63 églises ;

Le diocèse de Newport, 75 prêtres et 56 églises ;

Le diocèse de Northampton, 73 prêtres et 63 églises ;

Le diocèse de Nottingham, 122 prêtres et 121 églises ;

Le diocèse de Plymouth, 111 prêtres et 52 églises ;

Le diocèse de Portsmouth, 122 prêtres et 77 églises ;

Le diocèse de Salford, 274 prêtres et 126 églises ;

Le diocèse de Shrewsbury, 79 prêtres et 58 églises ;

Le diocèse de Southwark, 327 prêtres et 152 églises ;

Le diocèse de Menevia, 50 prêtres et 89 églises ;

Le nombre des prêtres s'est accru cette année de 43 et le nombre des églises ou chapelles de 20.

Le cardinal archevêque de Westminster et l'évêque de Plymouth ayant, en ce moment, l'un

et l'autre un coadjuteur, l'Angleterre possède
18 évêques et de plus un archevêque et deux
évêques titulaires, en tout 21 évêques.

Les 16 diocèses que nous venons de nommer ont
été érigés, en 1850, à l'exception de celui de Menevia, dans le pays de Galles, érigé au mois de
mai 1878, et dont Mgr Francis Mostyn est le premier évêque. Depuis 1895, ce diocèse formait un
vicariat apostolique composé d'une partie du diocèse de Newport and Menevia, et d'une partie du
diocèse de Shrewsbury. En 1898, Léon XIII a
érigé le vicariat apostolique en diocèse.

Si, au clergé catholique de l'Angleterre, on
ajoute celui de l'Ecosse, on obtient un total de
3271 prêtres. Sur ce nombre, 2286 appartiennent au
clergé séculier et 985 au clergé régulier. Ces prêtres
desservent 1,854 églises.

Dans l'Empire Britannique, c'est-à-dire dans la
Grande Bretagne et ses colonies et dépendances,
on compte aujourd'hui 28 archidiocèses ayant à
leur tête un archevêque, 105 diocèses, gouvernés
par un évêque, 27 vicariats apostoliques et 11 pré-
fectures apostoliques, en tout 171 évêques.

Mais revenons à la Grande-Bretagne ou plutôt
à l'Angleterre, sans compter l'Ecosse et l'Irlande,
et tenons-nous-y. C'est du catholicisme en Angleterre qu'il s'agit.

Dans ces derniers temps, on a vu reparaître en
Angleterre, au milieu de plusieurs autres religieux,
ces bénédictins qui, au VIe siècle, dans la personne
de saint Augustin et de ses compagnons lui ap-
portèrent la foi et lui donnèrent ensuite tant de
saints et, en particulier, tant de saints évêques,
ces enfants de saint Dominique et de saint François
qui l'avaient éclairée pendant de longs siècles
par d'admirables enseignements appuyés par d'admirables vertus, ces jésuites que la Réforme pour-
suivit de tant de haine et considéra longtemps

comme les plus redoutables ennemis non seulement de la religion, mais de l'Etat, et même ces austères chartreux dont cette nation protestante amollie par l'amour du confortable, ne semblait plus jamais devoir renconter au milieu d'elle et voir se dérouler sous ses yeux la vie si effrayante pour la nature.

Le catholicisme les a ramenés comme les autres. Là où l'arbre est planté là on voit se former et mûrir les fruits. Les ritualistes qui se disent « catholiques » ont pris à cœur. afin de prouver leur « catholicisme », de fonder des bénédictins. Ils songent, en ce moment, à fonder des dominicains. Puisqu'ils sont « catholiques » qu'ils essayent donc de fonder aussi des chartreux ! Ils n'ont qu'à imiter le modèle qui est sous leurs yeux.

C'est dans celle de leur Chartreuses qui était placée aux portes de Londres que les enfants de saint Bruno, au temps de la persécution, déployèrent le plus de vertus ; c'est aux portes de Londres que leur Ordre renait en Angleterre. C'est sous les regards de la cité immense, devenue la capitale de l'hérésie, qu'ils reviennent après trois siècles et demi d'exil attester la puissance du catholicisme et mettre sur la jeune Eglise catholique d'Angleterre le cachet inimitable de la vérité produisant l'héroïsme.

N'est-il pas décisif le témoignage de ces hommes qui se murent dans une cellule, se condamnent à l'abstinence et au jeûne, interrompent chaque nuit leur sommeil pour chanter les louanges de Dieu, flagellent rudement leur chair, et demeurent vingt ans, trente ans, quelquefois soixante ans, étendus, victimes liées par la pénitence et l'amour sur le gril de la vie religieuse sous sa forme la plus effrayante, attendant que la mort les relève ! D'où leur vient leur force sinon de leur union avec la sainte Eglise et son Chef visible, ce successeur de Pierre qui, du temps de saint Bruno, s'apelait Urbain II et qui s'appelle aujourd'hui Léon XIII ? Pourquoi donc, s'il n'en était ainsi, cette force s'en irait-elle dès qu'on se sépare de l'Eglise catholique, apostolique et romaine, comme la vie se retire d'un membre qu'on sépare du corps ? Pourquoi donc cette force s'est-elle retirée de l'Angleterre le jour où elle a brisé les liens qui l'unissaient à Rome, et ne revient-elle en son sein qu'avec ceux et par ceux qui lui rapportent l'obéissance au Saint-Siège ?

Les anglicans vont volontiers voir cette *curiosité*. L'excursion est facile. La Chartreuse de Saint-Hugues, dans la belle campagne de Parkminster, n'est qu'à deux heures de Londres par le chemin de fer. Le paysage est gracieux. C'est une plaine couverte de vertes prairies entremêlées de champs de blés et de petits bois fermés par des collines riantes, solitude fleurie et embaumée, mais d'ailleurs vraie solitude. Un hameau est à quelque distance du couvent ; mais il est caché par une petite éminence et le bruit n'en arrive pas jusqu'aux moines. Ils n'entendent que le bruit du vent dans les grands arbres plantés tout autour de leurs demeures, le bêlement des troupeaux, et le chant des oiseaux sous leurs fenêtres. Le chemin de fer passe à une demi-heure de cette charmante Thébaïde, et l'on se croirait à cent lieues de toute habitation.

La nouvelle Chartreuse bâtie dans cette gracieuse solitude est monumentale. Son architecture imposante, ses vastes proportions, la sévère beauté de ses cloîtres, ses larges corridors sombres qui ressemblent aux rues d'une cité souterraine, cette grande et belle église qu'une rangée de petites chapelles environne, ces vastes salles, cette grande cour d'entrée, le cimetière renfermé dans l'intérieur même du monastère, et autour duquel règne

une galerie carrée qui permet aux vivants de se
promener près de la dépouille des morts et, en considérant ce champ qui sera leur dernière demeure,
de faire en quelque sorte le tour du gouffre de
l'éternité, et tout à fait en arrière cette longue suite
de constructions massives, sorte de litanies en
pierre, litanies de cellules avec leur jardinet, la
plupart encore vides, tout cet ensemble d'une
vaste étendue, d'un style achevé et d'une harmonie
parfaite cause une impression moitié artistique et
moitié religieuse que ne sauraient donner les plus
beaux monuments de Londres eux-mêmes. Le
Parlement, Westminster Abbey et Saint-Paul
commandent l'admiration. Le monastère de Park-
winster saisit, émeut et remplit l'âme de pensées
mélancoliques et élevées. Il attire et attache. Il
laisse à ceux qui l'ont visité le désir de le revoir.

Cela est heureux. Quand on est là en effet et
qu'on pense que des hommes jeunes, riches, in-
telligents, instruits, plusieurs même ayant occupé
des positions brillantes, sont ensevelis dans un
coin obscur de ces magnifiques catacombes de
l'immolation monastique, que chacun d'eux vit
seul et en reclus entre les murs d'une étroite
cellule, se soutenant au jour le jour, comme il le
peut, de la maigre pitance qu'on leur fait passer
par un guichet ; que ces reclus ne sortent presque
jamais, si ce n'est pour aller chanter l'office à
l'église ; qu'ils ne jouissent même pas de ce beau
monastère ; qu'ils ne voient jamais, si ce n'est une
heure ou deux par semaine, la belle nature qui les
environne ; que leurs fenêtres n'ont point de vue
et que d'ailleurs leurs yeux baissés ne regardent
plus qu'au dedans ; que le monde est pour eux dans
leur cellule et la nature dans leur jardinet clôturé
de hauts murs ; et qu'après avoir vécu là ils y meu-
rent, et qu'ils passent de leurs cellules dans le petit
cimetière autour duquel elles sont bâties et qu'ils

regardent tous les jours, comme on passe d'un appartement dans un autre ; et que ces hommes sont venus là librement, et qu'ils y restent librement, et qu'ils y sont heureux, il entre dans l'âme quelque chose qu'on ne trouve nulle part ailleurs et qui ne vient à la pensée que là. Ce quelque chose ceux mêmes qui le ressentent ne sauraient le définir ; mais on peut juger à certains signes que l'âme est fortement remuée. Toutes les fois que nous sommes allé à la Chartreuse Saint-Hugues, nous y avons rencontré des visiteurs. Ils y viennent en grand nombre. La plupart de ces visiteurs sont des protestants. Ils viennent en touristes, en curieux. Ils examinent froidement ce singulier édifice et cet établissement pour eux si étrange, et ils se font tout expliquer par le Frère qui les accompagne. Ils ont beaucoup voyagé, ils ont beaucoup vu, mais le plus souvent, ils n'avaient rien vu de semblable, et plusieurs, en parcourant les cloîtres, se prennent à pleurer. D'autres en voyant tout d'un coup, et pour la première fois, un des habitants de cette nécropole mystérieuse leur apparaître revêtu de cette robe blanche qui ressemble à un suaire, se mettent à genoux.

Un jour ce ne seront plus seulement des visiteurs isolés qui environneront ainsi les fils de saint Bruno de leur vénération ; ce sera le peuple anglais tout entier revenu à la foi de ses pères. La nation anglaise est, de toutes les nations chrétiennes, celle qui doit le plus aux moines. Elle doit aux chartreux, entre autres bienfaits, un de ses plus remarquables évêques, cet illustre évêque de Lincoln qui bravait, comme en se jouant, la colère du roi Richard, et que les souverains pontifes environnaient d'une particulière estime, humble et magnanime, doux et ferme, austère et enjoué, ce saint Hugues dont la nouvelle Chartreuse d'Angleterre a pris le nom.

L'Angleterre devint autrefois catholique par les moines : elle redeviendra catholique par les moines. Dieu vous a ramenés au milieu d'elle, austères enfants de saint Bruno, afin de vous donner la gloire de contribuer pour votre part au retour de ce grand peuple au giron de son Eglise. C'est là votre œuvre. Pour l'accomplir vous n'avez qu'à faire ce que vous faites depuis huit siècles. Ne changez pas un iota à votre règle, pas une note à votre chant, pas une inflexion de tête à vos cérémonies, à ces cérémonies antiques et pour nous si étranges qui, lorsque nous y assistons, nous donnent l'illusion de nous croire transportés tout d'un coup dans un cloître du xie siècle ; et pendant que l'Eglise anglicane, désagrégée par son indépendance, se pulvérise en mille sectes sans cesse changeantes, demeurez saintement pétrifiés par l'obéissance à l'Eglise et à votre Règle ; *croissez et multipliez-vous* dans l'immobile adoration du Dieu qui ne change jamais !

Il y aurait, si ce n'était trop long, à parler ici, non seulement du rétablissement, mais encore de l'expansion de la Compagnie de Jésus en Angleterre, de la place qu'elle y occupe et des œuvres de toute sorte auxquelles elle se voue, au grand désespoir des anglicans et surtout du parti retardataire que les ritualistes appellent le parti « protestant ». A les entendre, et sur ce point nous les croyons volontiers, ce sont les jésuites qui font le plus de mal au protestantisme anglais, et leur présence en Angleterre en si grand nombre constitue un vrai danger pour l'anglicanisme. « Que dire, s'écriait récemment dans un manifeste répandu à milliers d'exemplaires dans l'Angleterre tout entière, le président d'un grand comité de protestation, que dire de l'invasion de notre pays par les jésuites ? La situation déplorable où nous nous trouvons actuellement n'est-elle pas, oui ou non, le résultat naturel de leur présence en si grand nombre (1) ? »

A côté des ordres anciens sont venus se placer des congrégations nouvelles, les Passionistes, les Oblats de Marie, les Maristes, les Missionnaires du Sacré-Cœur, les Salésiens, etc., etc.

Les congrégations de femmes sont beaucoup plus nombreuses encore.

Il n'est pas un seul des seize diocèses d'Angleterre qui ne possède un certain nombre de communautés d'hommes et de femmes. Deux grands diocèses, celui de Westminster et celui de Southwark se partagent la ville de Londres et des environs. Le diocèse de Westminster possède des religieux de vingt-deux ordres ou congrégations et des religieuses de cinquante-deux congrégations différentes ; le diocèse de Southwark, des religieux de vingt ordres ou congrégations et des religieuses de quarante-quatre congrégations. Ce n'est pas le nombre des maisons ni des communautés que ces chiffres représentent, mais le nombre des congrégations. Les Pères Jésuites, par exemple, ont trois maisons dans le diocèse de Westminster. Les Sœurs Franciscaines y ont huit maisons et les sœurs de la Merci en ont quinze, et ainsi des autres congrégations. Il en est de même dans le diocèse de Southwark.

§ VII. — *Œuvres et pratiques catholiques.*

Des couvents et des associations de toutes sortes, des institutions charitables en faveur des pauvres,

(1) Manifeste de *The national protestant Federation*, publié dans le n° du 18 janvier 1900 de *l'English Churchman.*

dès malades, des vieillards, des marins, etc., toutes les œuvres catholiques fleurissent dans ces seize diocèses. La vie catholique y coule à flots et elle déborde au dehors. L'Angleterre catholique possède, à Mill-Hill, dans le diocèse de Westminster, son séminaire des missions étrangères d'où elle envoie chaque année un certain nombre de ses enfants porter au loin cette foi que Dieu lui rend à elle-même.

Bien entendu, l'Angleterre, en voie de redevenir catholique, ne saurait se glorifier de posséder ces beaux pèlerinages que le monde entier nous envie, notamment celui de Paray-le-Monial et de Lourdes. Mais, même sous le rapport des pèlerinages, elle reprend peu à peu son rang parmi les nations catholiques. Les catholiques anglais aiment à aller prier, surtout au jour de sa fête, sur la tombe du saint roi Edouard, dans l'abbaye de Westminster, et à Cantorbéry, berceau du catholicisme en Angleterre, dans cette magnifique cathédrale arrosée du sang de saint Thomas Becquet. La source miraculeuse appelée *Holywell*, le *Saint Puits*, dans le petit bourg du diocèse de Menevia qui porte ce nom, est aussi pour eux un but de pèlerinage. Le *Saint Puits* dans le Flintshire, au pays de Galles, est une source, formant maintenant un assez large bassin, qui jaillit tout d'un coup à l'endroit même où la tête de sainte Winefride, vierge et martyre, tomba sous le glaive de son persécuteur. Avant la Réforme, de nombreux miracles l'avaient rendue célèbre dans toute l'Angleterre. Le concours des pèlerins interrompu par trois siècles de protestantisme s'est renouvelé dans la seconde moitié du xixᵉ siècle, comme un des fruits naturels de la renaissance du catholicisme en Angleterre. Chaque année, à une époque déterminée, un grand pèlerinage s'organise à Londres et va jusque dans le pays de Galles prier sainte Winefride. D'autres pèlerins s'y rendent pendant le reste de l'année. C'est la dévotion à sainte Winefride qui attire ces pèlerins.

C'est une figure bien sympathique et bien touchante, et en même temps une sainte bien extraordinaire que cette jeune fille de famille princière et d'une rare beauté, qui préfére subir la mort que de céder à la passion d'un grand seigneur qui la poursuit. Cradocus, c'était le nom de ce seigneur, voyant qu'elle résiste à ses infâmes désirs avec la dernière énergie, entre dans un transport de fureur, lui abat la tête d'un coup d'épée, et veut s'enfuir. Une force mystérieuse l'immobilise. Une source jaillit près de la tête sanglante détachée du tronc. La foule accourt. Saint Bruno célèbre le Saint-Sacrifice de la messe dans une chapelle voisine ; il fait apporter le corps de la martyre, ordonne de rapprocher la tête du corps, et par une fervente prière lui rend la vie. La martyre vécut longtemps encore, édifiant toute la contrée par ses vertus.

Il est beau de voir, à la fin du XIXe siècle, les catholiques anglais venir affirmer leur foi à ce miracle que tant d'autres miracles ont attesté tout le long des siècles, et que de nouveaux miracles attestent encore aujourd'hui. Car la foi des catholiques anglais obtient là des miracles. Leur piété, la dignité de leur attitude, les guérisons extraordinaires obtenues à la connaissance de tous, conquièrent le respect des protestants. Il existe, du reste, à Holywell, au milieu d'une population en grande majorité protestante, un noyau de catholiques ayant leur église et formant une paroisse confiée à la direction des Pères Jésuites anglais. Nous avons été nous-mêmes, pendant notre séjour assez long en Angleterre, prier à Holywell. Nous avons célébré la sainte messe dans l'église placée sous le vocable de sainte Winefride, et nous avons, comme le font d'ordinaire les pèlerins, puisé de l'eau à la source miraculeuse, au *Saint Puits*. Les protestants ne s'étonnent plus de ces marques de dévotion envers sainte Winefride. Ils y sont habitués. Les pratiques catholiques qui, il y a un siècle, eussent provoqué leurs railleries, leur paraissent aujourd'hui dignes, sinon de leur approbation, du moins de leur respect. C'est un grand progrès accompli et un acheminement vers la foi des anciens temps.

§ VIII. — *Les catholiques anglais ont repris les anciennes traditions de dévouement au Saint-Siège dont leurs pères leur ont donné l'exemple.*

Mais ce que la portion de l'Angleterre redevenue catholique a repris avec le plus d'empressement, ce ne sont pas les pratiques extérieures et les manifestations plus ou moins sensibles de la vraie foi, c'est l'esprit de l'ancienne Eglise catholique d'Angleterre, et tout d'abord son esprit de dévouement sans bornes au Saint-Siège. Elle a tenu à renouer les anciennes traditions brisées par la Réforme. Or, en ce qui touche au dévouement au Saint-Siège, qui ne connaît ces traditions, et qui pourrait contester le fondement historique sur lequel elles reposent ?

« L'Angleterre, dit M. l'abbé Duchesne dans son savant ouvrage : *Les Eglises séparées*, l'Angleterre est, de tous les pays du monde, celui où les origines ecclésiastiques se rattachent le plus évidemment au siège apostolique romain. Une obscurité profonde enveloppe les temps primitifs des églises d'Afrique, d'Espagne, de Gaule. Dans une lettre célèbre, le pape Innocent Ier déclare que ces contrées ont reçu de Rome leurs premiers pasteurs, ou que, tout au moins, il est impossible de prouver le contraire. Aucun fait constaté ne dément cette grave assertion ; toutes les vraisemblances historiques la favorisent. Cependant les détails nous échappent. Abstraction faite de légendes inadmissibles, nous n'avons aucun document sur la première évangélisation de ces pays. Au contraire, l'histoire de l'évangélisation des églises anglaises nous est connue, d'abord par le livre du vénérable Bède, auteur indigène, consciencieux, savant plus que pas un de ses contemporains, et qui écrivait un siècle seulement après les premières missions ; ensuite par des lettres originales du pape saint Grégoire et de ses successeurs. A peine pourrait-on désirer plus de lumières... »

« L'Eglise anglaise est donc bien une colonie de l'Eglise romaine. Cette relation se traduisait jusque dans la disposition matérielle des édifices et dans leurs vocables. Dans la ville métropolitaine, à Cantorbéry, l'église principale portait le nom du Sauveur, comme à Rome l'église de Latran ; non loin on rencontrait, comme à Rome, une église en l'honneur des Quatre-Couronnés ; hors les murs une basilique sous le vocable des saints apôtres Pierre et Paul abritait les tombeaux des archevêques et des rois de Kent. Cantorbéry était une petite Rome ; l'Eglise anglaise une fille de la grande Eglise romaine, fille un peu tard venue, mais plus aimée peut-être, à coup sûr plus ressemblante que ses aînées, plus étroitement sous l'aile maternelle (1). »

Cette Eglise fondée par saint Grégoire le Grand et qui fut la plus belle de ses œuvres se montra

(1) *Eglises séparées. Les origines de l'Eglise anglicane,* p. 1, 2, 4 et 5.

constamment, jusqu'à la Réforme, animée d'une dévotion toute particulière envers le Saint-Siège (1). A l'époque de la Réforme 1105 de ses églises étaient dédiées à saint Pierre.

Les catholiques anglais ont compris que pour redevenir l'Eglise qu'elle était autrefois, l'Angleterre devait ranimer en elle cette obéissance filiale au Saint-Siège qui lui venait de ses origines et qui lui était naturelle. Le clergé a donné l'exemple.

Aucun clergé peut-être, ne s'est, dans la seconde moitié du xixe siècle, montré à la fois plus dévoué et plus obéissant au Saint-Siège, plus disposé à suivre ses directions, et plus empressé pour soutenir ses droits que le clergé catholique d'Angleterre.

Les fidèles suivent le clergé. Chaque année en la fête de saint Pierre et de saint Paul, le 29 juin, dans toutes les églises catholiques, le prêtre qui préside à l'office des vêpres, suivies de la bénédiction du Saint Sacrement, lit à très haute et à très intelligible voix la formule de consécration suivante :

O Bienheureux Prince des Apôtres, Vicaire de Jésus-Christ, Pasteur de tout le troupeau, Roc sur lequel l'Eglise est bâtie, nous remercions le Prince des Pasteurs qui, dans les âges de foi, attacha si suavement et si fortement ce pays à vous et à ce siège de Pierre d'où la foi nous fut apportée. Nous louons et nous bénissons Notre-Seigneur pour ces Confesseurs pleins de fermeté qui, à l'époque où le schisme et l'hérésie firent irruption dans ce pays, donnèrent leur vie pour soutenir votre honneur et vos prérogatives. Nous désirons ranimer en nous le zèle, la dévotion et l'amour des anciens temps. Autant qu'il est en nous nous vous consacrons notre pays avec ferveur et avec amour. Nous vous offrons notre hom-

(1) On trouvera quelques détails sur ce sujet dans le chapitre xi du second volume de notre *Histoire de saint Anselme.*

mage. Nous renouvelons notre fidélité au Pontife, votre successeur, qui occupe en ce moment le Siège Apostolique. Confirmez et fortifiez par votre puissante intercession la foi du Pasteur et du peuple qui vous invoquent. Préservez-nous de l'apostasie, de la désunion, de l'indifférence religieuse, et des pertes auxquelles l'ignorance et la tentation exposent votre petit troupeau.

O vous qui fûtes le plus sincère et le plus humble des pénitents, obtenez-nous les larmes d'un vrai repentir pour nos péchés et un ardent amour personnel pour notre divin Maître. O vous qui êtes le porte-clefs du Royaume des cieux, ouvrez-nous les portes du Paradis afin que nous puissions entrer dans la joie du Roi de gloire. Souvenez-vous de ce royaume d'Angleterre qui, sous votre bienheureuse influence apostolique, grandit, pendant près de mille ans, en grâce et en unité. Priez le Seigneur Jésus afin que tous puissent voir la lumière et rester dans votre bercail qui est l'unique bercail du Christ. Amen.

Au jour et à l'office où se fait cette consécration l'église est bondée. Le prêtre lit cette formule très haut, il fait une assez longue pause après chaque membre de phrase, et tous les assistants, absolument tous, hommes, femmes, enfants répètent ce membre de phrase après lui. C'est bien la consécration de l'Angleterre à saint Pierre faite par tous les catholiques anglais.

Quand on assiste à cette consécration et qu'on pèse les expressions si bien choisies de cette formule, et qu'on a présent à l'esprit le souvenir du passé, et qu'on pense à l'état actuel de l'Angleterre, au milieu encore très protestant dans lequel cette consécration est faite, au levain profondément catholique qui se mêle de plus en plus à cette pâte protestante et la fait fermenter, quand on est témoin de l'accent de conviction que les catholiques anglais mettent dans la récitation de cette consécration, on éprouve un sentiment indéfinissable, mélange de tristesse et de confiance, qui serre l'âme et la dilate à la fois. Nous avons assisté bien souvent à cette consécration, et jamais sans être ému jusqu'aux larmes.

§ IX. — *Dévotion des catholiques anglais envers la Sainte Vierge.*

Une autre tradition que les catholiques anglais tiennent à faire revivre parmi eux, c'est celle de cette dévotion vraiment extraordinaire envers la Sainte Vierge qui mérita à l'Angleterre d'être appelée la *Dot de Marie.* « Votre royaume, dit Léon XIII dans sa *Lettre apostolique aux Anglais*, votre royaume a été consacré par vos ancêtres à la bienheureuse Vierge sous ce glorieux titre : La *Dot de Marie, Dos Mariæ* (1). » Nous retrouvons ce titre donné à l'Angleterre dans plusieurs documents du moyen âge. Ceux qui n'ont pas étudié de près et dans les détails l'histoire de l'Eglise d'Angleterre ne sauraient s'imaginer à quel point

(1) Les anglais traduisent ce mot latin *Dos* non par le mot anglais, *appanage* qui a pour étymologie *ad panis* et qui signifie une terre donnée par un prince à son fils cadet : *The portion of a sorereign's yonger children*, mais par *dower* ou *dowry* qui signifie *Dot*. Le R. P. Bridgett, rédemptoriste, a publié un ouvrage sur la dévotion de l'Angleterre catholique à la Sainte Vierge qu'il a intitulé : *Our Lady's Dowry.*

M. Waterton a également fait paraître sur la dévotion de l'Angleterre envers la Sainte Vierge, un ouvrage en anglais auquel il a donné un titre latin : *Pietas Mariana Britannica.* Nous renvoyons nos lecteurs à ces deux ouvrages savants. Ceux à qui manqueraient le temps ou le goût pour une longue étude pourront se contenter de l'article que nous avons publié dans le n° du 15 mai 1896, de l'*Université catholique* sous ce titre : l'*Angleterre Dot de Marie.*

et par quelles marques et quelles pratiques de dévotion tendre ce titre fut mérité (1).

Une des tâches les plus douces que se soient
imposées depuis soixante ans les catholiques anglais, c'est celle de reconstituer cette magnifique
Dot de Marie. Avec quel zèle ils y travaillent !
Chaque année, le dimanche où l'on célèbre la fête
du saint Rosaire, à l'office du soir, devant le Très
Saint Sacrement exposé, dans chaque paroisse des
seize diocèses catholiques, le prêtre qui officie pro-
nonce très haut, et très distinctement, et très len-
tement, en s'arrêtant après chaque membre de
phrase assez longtemps pour qu'il puisse être ré-
pété par tous les assistants qui, en effet, le répètent
tous, la formule de consécration qui suit :

*O Vierge Immaculée, Mère de Notre-Seigneur
Jésus-Christ, Mère de grâce et Reine du Royaume
de votre Fils, humblement prosternés à vos pieds
nous vous offrons ce pays dans lequel nous vivons.
Il était autrefois vôtre. Avant qu'on lui eut enlevé
la sainte foi, tous ses enfants étaient vos enfants,
et vous étiez honorée dans toute l'étendue de cette
contrée comme sa Protectrice et sa Reine. Nous vous
le consacrons de nouveau. De nouveau nous vous le
dédions comme votre Dot. Nous vous offrons nos
cœurs, afin que leur amour et leur fidélité puissent
sans cesse augmenter et s'accroître. Nous vous
offrons nos frères, cette multitude d'hommes qui vous
connaissent si peu, ou qui ne vous connaissent pas du
tout. Puisse votre prière rendre à ce pays son an-*

(1) Un fait bien remarquable et bien digne d'être signalé
c'est que la littérature anglaise, laquelle pendant les trois derniers siècles qui représentent à peu près toute sa richesse et
toute sa gloire, a été en très grande partie protestante, s'est
mise autant et peut-être même plus que telle ou telle littérature catholique au service de la Sainte Vierge Marie.
Nous ne pouvons qu'indiquer ici ce fait. On le trouvera mis
en lumière dans notre brochure : *La Lyre anglaise au service de la Sainte Vierge Marie.*

*cienne foi ! Puisse votre intercession nous conduire
à une union plus étroite avec votre divin Fils ! Par
vous nous nous consacrons à Lui. Obtenez pour
nous et pour l'Angleterre qui est votre Dot toutes
les grâces et toutes les bénédictions, o clémente,
o aimante, o douce Vierge Marie !*

Comment la Vierge toute miséricordieuse pourrait-elle ne pas exaucer de telles prières ? *Notre-
Dame n'oublie pas*, comme dit le poète catholique
anglais Caswall dans le titre d'une de ses belles
poésies : *Our Lady forgets not.* « Elle se souvient
encore de cette Ile qui jadis se réchauffait sous son
sourire. »

> Mary, still mindful of the Isle
> That basked of old beneath her smile (1).

Cette île est plus malheureuse encore que coupable. Comment l'auguste Vierge l'oublierait-elle
alors qu'elle revient à elle et se prend à l'honorer
de nouveau ? Entre autres marques de dévotion
envers leur Bienheureuse Dame les catholiques anglais aiment, comme autrefois leurs Pères, à lui
dédier leurs églises. On peut faire le tour de l'île
à l'intérieur en remontant de la Manche à la mer du
Nord, et, sans aller jusqu'en Ecosse, traverser le
Northumberland, redescendre par la mer d'Irlande
jusqu'au canal de Bristol, et de là dans la Manche
en longeant la Cornouaille, on trouvera partout
des églises catholiques dédiées à Notre-Dame. Si
des côtes on pénètre dans l'intérieur, on n'ira pas
loin sans rencontrer quelque église catholique
placée sous le vocable de Notre-Dame. Chacun des
seize diocèses catholiques qui se partagent l'Angleterre en possède un certain nombre. Les unes
sont simplement dédiées à Notre Bienheureuse
Dame, *Our Blessed Lady*, ou bien à Sainte Marie,

(1) E. CASWALL. — *A May Pageant.* Canto II.

Saint Mary ; d'autres lui sont dédiées sous des titres particuliers et forment ainsi comme les strophes d'un immense cantique à sa gloire que bientôt, on peut l'espérer, toute l'Angleterre, après un silence de trois siècle, lui chantera de nouveau.

Parmi ces titres il en est un que « l'île qui aimait à se réchauffer sous le regard de Marie » affectionne tout particulièrement. Les églises de Hastings, célèbre par la bataille qui livra l'Angleterre entre les mains de Guillaume le Conquérant, de Greenwich aux portes de Londres, de Broadstairs près Ramsgate dans l'île de Thanet, d'Ifracombe dans le Devon, de Workington dans le Cumberland, de Lowestoft dans le Suffolk, de Llandudno dans le Carnanvonshire, sont des églises de *Notre-Dame Etoile de la mer, Our Lady Star of the sea.* Celle de Eastbourne dans le Sussex est l'église de *Stella Maris* et celle de Great Grimsby dans le Lincolnshire l'église de *Sainte Marie sur la mer : Saint-Mary's on the sea.*

Les églises reprennent ainsi à leur manière cette belle hymne de l'*Ave Maris Stella* qui jadis avait tant de charmes pour la catholique Angleterre. Oui, o jeunes églises de l'Angleterre qui revient au catholicisme, au lieu et place de ces hommes qui se taisent autour de vous, chantez, chantez votre *Ave Maris Stella.* Il le faut bien : *Si hi tacuerint, lapides clamabunt.* Et vous, o Vierge, prêtez l'oreille à ces mystérieuses clameurs de la pierre. Etoile de la mer, apportez la lumière à ceux qui sont aveuglés par l'erreur, et montrez à ce peuple que vous êtes sa Mère !

> *Profer lumen cæcis...*
> *Monstra te esse Matrem !*

Et de fait les ténèbres se dissipent peu à peu et la lumière revient par degrés, et pénètre à travers les préjugés invétérés de l'anglicanisme. Ce ne sont pas seulement les catholiques, ce sont les anglicans eux-mêmes, au moins un grand nombre, qui s'appliquent à rappeler le nom, les louanges, le culte de Marie à cette nation anglaise qui l'avait oublié. Les images et les statues de la Sainte Vierge reparaissent dans des églises anglicanes. On y prêche ses grandeurs, on y récite le saint Rosaire, on y fait le *mois de Marie !*

§ X. — *Signes auxquels on reconnaît les progrès du catholicisme en Angleterre. La place qu'il y tient et la figure qu'il y fait.*

Les progrès de ce genre, et aussi le prestige et l'éclat qui environnent le catholicisme en Angleterre, et la place de plus en plus large qu'il occupe dans la nation, font comprendre une parole du cardinal Vaughan dans l'écrit dont nous avons déjà cité quelques passages. « Le pays tout entier, dit le cardinal en parlant de l'Angleterre, s'est à moitié converti, sans s'en apercevoir. Je ne dis pas que la moitié de la population, ni une partie considérable de la nation soit convertie. Je dis que la diminution des préjugés, les progrès de la vérité, les changements de sentiments et de politique dans la croyance et dans la pratique, nous autorisent à dire que l'Angleterre, en la comparant à ce qu'elle fut pendant les trois derniers siècles, est à moitié convertie, et cela, soit que l'on considère l'Eglise établie, soit qu'on porte ses regards d'un autre côté. Si le progrès des soixante années qui vont s'écouler répond à celui des soixante que nous venons de traverser, avant la fin du siècle prochain, l'Angleterre pourra très bien, pratiquement, être redevenue catholique. Nous sommes vraiment bien difficiles à contenter si, en considérant le mouvement national dans son ensemble, nous ne sommes pas satisfaits du train auquel les préjugés disparaissent et la lumière se répand..... Quelle est, aujourd'hui, l'attitude de l'Angleterre à l'égard des catholiques ? Ils jouissent des mêmes honneurs que leurs compatriotes. Ils remplissent tous les postes de confiance et les plus hautes dignités, la plus élevée de toutes étant seule exceptée. Ils sont vice-rois, gouverneurs des colonies, lords, lieutenants, membres du Conseil privé de la reine, membres du Parlement, ministres, présidents de congrès, magistrats. Dans l'armée les catholiques ont des généraux, dans la marine des amiraux, et dans les rangs civils ils ont des juges. Nulle administration dont l'accès ne leur soit ouvert, et où ils ne soient bien accueillis (1). »

Aujourd'hui, le *Post Master General*, dont la position répond à celle du ministre des Postes chez nous, est un catholique bien connu, le duc de Norfolk.

Dans son numéro du 4 novembre 1899, le *Tablet* citait avec un noble orgueil les noms des officiers catholiques qui avaient déjà succombé dans la guerre du Transvaal, et il ajoutait :

« Chaque jour nous voyons paraître des noms catholiques en tête de la liste de ceux qui sont partis ou qui s'apprêtent à partir. Ils s'appellent légion. Le Major général aura un compagnon d'armes dans la personne d'un autre catholique, lui aussi Major général. C'est Francis Howard, fils de feu sir Henry Francis Howard, appartenant à la diplomatie, et neveu de feu M. Philipp Ho-

_____
(1) *England's conversion by the power of prayer*, p. 7 et 9.

ward, de Corby... Le capitaine John Bell-Smyth, de la Garde des Dragons du roi, et aide-de-camp du général Methuen, rencontrera, parmi ses compagnons d'armes, plusieurs de ses anciens condisciples d'Edgbaston (1) : M. Longueville des *Coldstream Guards*, M. Macnamara des *Royal West Surreys*, M. Berkeley du *Wesh Regiment*, M. Butler-Bowdan des Lancashire Fusiliers, et M. Bellingham, pour nous en tenir là et n'en pas nommer d'autres. »

Le nombre des catholiques ne s'élève encore en Angleterre, sans compter l'Ecosse et l'Irlande, qu'à un million et demi (2). C'est un résultat immense, si l'on considère quel était le petit nombre des catholiques il y a soixante ans ; ce n'est rien si on rapproche ce chiffre de celui de la population totale. Mais ce n'est pas par des chiffres qu'on peut apprécier les progrès que le catholicisme a faits en Angleterre. Les catholiques le sentent bien. Il y a quinze ans une brochure qui est maintenant à sa huitième édition, l'édition que nous suivons, paraissait sous ce titre : *We catholics, Nous catholiques !* L'auteur, qui ne s'est pas fait connaître, parle ainsi :

« Remarquons d'abord que notre position est insignifiante au point de vue du nombre. En Angleterre, nous sommes un million et demi parmi environ trente millions de protestants : un sur vingt. Si la comparaison porte sur les classes les plus favorisées, celles qui fournissent seules des sujets éligibles pour les plus hauts emplois, nos progrès sont plus significatifs. Nous ne sommes qu'un sur vingt dans la foule, mais sur le banc des juges nous sommes trois sur douze. Et encore lord

(1) Collège tenu par les Oratoriens.
(2) Le nombre des catholiques dans toute la Grande-Bretagne est d'environ cinq millions et demi.

Fitzgerald, sir John Day et sir James Mathew ne
font qu'ouvrir la liste des hommes qui attestent
notre prééminence. Si vous voulez gagner votre
cause, adressez-vous à un avocat catholique,
M. Charles Russell. Si vous tenez surtout à vous
donner un avocat brillant, un autre catholique,
M. Henry Mathiews est votre homme. De même
que M. Russell tient au barreau le record du succès, de même M. Matthiews y tient le record de
l'éclat. Viennent ensuite MM. Murphy, Aspinall,
French, Bagshawe qui est maintenant juge d'un
tribunal de comté. Nous avons d'autres juges de
tribunaux de comtés qui ne jouissent pas seulement d'une réputation locale dans la personne des
honorables Stonor, Meynell, Ellison, Leonard.
Parmi les membres du Conseil privé de la reine,
nous trouvons les noms du marquis de Ripon, de
lord Bury, de lord Fitzgerald et de sir John Lam-
bert. »

« Le gouvernement d'une colonie exige des qualités qu'on pourrait fort bien, sans qu'il y eut lieu
de s'en étonner, ne pas rencontrer parmi les
membres d'une communauté longtemps exclue
de la vie publique. Et cependant, sir Frédérick
Weld et sir John Pope Henessy ont signalé leur
gouvernement par un tact admirable et on peut
dire unique à conduire les indigènes..... Il serait
facile de démontrer, en s'appuyant sur des noms
comme celui de lord Ripon et de plusieurs autres,
que les représentants du catholicisme dans les
emplois de la vie publique ne brillent pas seulement par le nombre, mais par des qualités hors de
pair qui les mettent au-dessus des membres des
autres confessions. Lord Ripon, en effet, n'a pas
seulement été un Gouverneur général catholique ;
mais il a été, au jugement de ses administrés, le
meilleur Gouverneur général des Indes que les
Indes aient jamais eu... »

« Les catholiques sont représentés avec les mêmes avantages de nombre et de distinction dans toutes les branches de la vie publique. Sir Gerald Fitzgerald et M. Walpole figurent parmi les fonctionnaires les plus distingués préposés à l'administration du fisc. Dans la marine, le haut commandement est entre les mains de l'amiral White... au ministère de la guerre la partie la plus difficile de l'administration est confiée à l'assistant adjudant général, Sir Arthur Herbert. Depuis déjà plusieurs années, dans toutes les circonstances difficiles, le commandant en chef a compté parmi ses officiers les plus capables le général Martin Dillon, le général Butler, et le colonel Furse. Pendant que ces deux derniers officiers servaient dans le Soudan ils étaient fiers de voir toujours au premier rang, à l'heure du danger, des soldats catholiques. Pendant que le général Butler commandait aux avant-postes, à Merawi, le général Dormer commandait à Corti. Au premier rang des braves, ils furent au premier rang des morts. Six officiers furent tués à Abu Kha : le lieutenant Rudolph de Lisle était un de ces six officiers. Il y en eut trois de tués à Kirbekan : le colonel Coveney était un des trois. »

C'est ainsi que les catholiques anglais achètent généreusement, au prix de leur sang, le droit de n'être plus traités comme des parias. Il y a longtemps déjà que leur ostracisme a pris fin. Pour le bien établir il faudrait citer toute cette fière et décisive brochure : *We catholics, Nous catholiques !* L'auteur montre que les catholiques sont admis dans toutes les réunions, tous les comités, toutes les associations, les *clubs*, et qu'ils se distinguent partout. Ils ont leurs entrées libres dans tous les journaux et dans toutes les revues, dans les revues comiques comme le *Punch*, aussi bien que dans les revues sérieuses comme le *Nineteenth Cen-*

tury. Il prétend qu'ils priment dans le journalisme. Ce qui est sûr, c'est que le *Tablet*, le *Weekly Register*, le *Catholic Times*, sans parler des autres organes de la presse catholique, peuvent rivaliser avec les meilleurs journaux anglais, et le *Dublin Review*, revue catholique éditée à Londres, et le *Month*, revue des Pères Jésuites anglais qui correspond aux *Etudes*, peuvent soutenir la comparaison avec les revues anglaises les plus sérieuses et les mieux rédigées.

L'auteur de *We Catholics!* cite une longue liste de noms de catholiques anglais qui se sont illustrés dans les lettres. Il y a, en effet, aujourd'hui, en Angleterre, une littérature catholique. Le poète lauréat est un catholique, Alfred Austin, ancien élève des Jésuites, dans leur beau collège de Stonyhurst. Conventry Patmore et Aubrey de Vere, sont des noms pour le moins aussi connus, grâce à leurs œuvres poétiques, que celui d'Alfred Austin. M. Francis Thompson, quoique jeune encore, s'est déjà acquis une véritable célébrité par ses poésies profondes et élevées. Et tous ces noms, auxquels bien d'autres pourraient être ajoutés, sont des noms catholiques.

Dans l'avalanche de romans qui, l'année dernière, ont, comme tous les ans, inondé l'Angleterre, deux ont été particulièrement remarqués : *One poor scruple* et *The two standards*. Le premier est dû à une dame catholique, Mme Wilfrid Ward. Le second est sorti de la plume élégante et admirée d'un prêtre catholique, le Dr Barry.

Dans l'éloquence de la Chaire, les catholiques tiennent de beaucoup le premier rang. Depuis un demi-siècle, les anglicans n'ont eu aucun orateur religieux, ni, on peut le dire en toute vérité, aucun orateur politique, pas même Gladstone, que l'on puisse comparer à Newman et à Manning. Du reste, ils n'ont eu aucun homme qu'on puisse, dans l'ensemble, comparer à ces deux hommes, ainsi qu'à Wiseman. De l'avis des anglicans eux-mêmes, Newman est un des plus puissants génies du XIXᵉ siècle. C'est un fait vraiment bien remarquable et manifestement providentiel que les trois premiers archevêques de Westminster aient été le cardinal Wiseman, le cardinal Manning et le cardinal Vaughan. Il est facile de se rendre compte de l'auréole que de tels noms font au catholicisme en Angleterre, et du respect qu'ils commandent.

Rien ne montre mieux l'excellence du catholicisme que la disproportion que nous avons signalée entre le nombre des catholiques et leur influence. Ce n'est pas par le nombre, par la masse qu'ils valent et qu'ils s'imposent. C'est notoirement par ce que leur religion met dans leur intelligence et dans leur cœur, dans leur parole et leurs actes. Ils ne sont qu'une poignée comparés au reste de la nation. Et encore dans cette poignée c'est le petit peuple qui domine de beaucoup. La très grande majorité des catholiques qui constituent cette petite communion d'un million et demi est plébéienne. Les Irlandais y entrent pour une grande part.

Mais précisément cette petitesse fait leur grandeur, cette faiblesse fait leur force, et c'est à leur isolement qu'ils doivent leur liberté. « Parmi nous, disait le cardinal Manning à ses prêtres dans les retraites pastorales qu'il leur prêchait, parmi nous l'Eglise est à la fois ancienne et nouvelle. Nous ne sommes qu'une poignée, mais séparés du monde, des cours, et de l'atmosphère corrompue du patronage séculier, de la protection séculière. La vraie protection de l'Eglise, c'est sa propre indépendance, et son vrai pouvoir, c'est sa propre liberté. Nous sommes les pasteurs d'un troupeau qui descend des martyrs et des confesseurs, et leur ferveur n'est pas éteinte dans leur postérité.

Nous sommes, dans un sens très particulier, les pasteurs des pauvres ; car les riches se sont retirés, et l'immense prospérité de l'Angleterre est entre des mains qui ne nous connaissent pas. Mais vivre au milieu des pauvres fut le partage de notre divin Maître ; et avoir part à son sort est pour nous une raison de croire qu'il prend soin de nous. Nous ne sommes pas seulement les pasteurs des pauvres, mais nous sommes pauvres nous-mêmes. La pauvreté, telle est la situation du clergé catholique dans ce royaume le plus riche du monde. Ici nous sommes unis par les liens d'une mutuelle charité et de mutuels services. Les fidèles nous sont attachés par une affection généreuse et par une confiance qui est réciproque. Nos prêtres sont unis entre eux et aussi unis à leurs évêques. Ils sont unis entre eux par les liens d'une affection fraternelle aussi étroite qu'on puisse la rencontrer dans aucune partie du monde catholique (1). »

A travers les paroles du cardinal, on entrevoit la physionomie des paroisses catholiques anglaises. A leur tête des Pères — c'est le nom qu'en Angleterre les catholiques donnent à tous les prêtres — des Pères environnés de la vénération, de la confiance et de l'affection de leurs enfants. Ces paroisses sont des familles. Les plus pauvres ont une obole pour l'Eglise, pour le culte, pour le prêtre. Le prêtre vit de ces dons, sans luxe assurément et sans excès de confortable, mais convenablement et sans misère.

Dans l'exercice de leur religion, prêtres et fidèles sont entièrement libres. Du côté de l'Etat, ni appui, ni obstacle. C'est le pape seul qui nomme les évêques en choisissant, si bon lui semble, un des trois candidats que lui présente le chapitre. Le pouvoir civil, l'Etat ne connaît ni évêques, ni

(1) *The eternal priesthood*, chap. IX.

prêtres, ni catholiques : il ne connaît que des citoyens, des sujets anglais.

Les riches, les grands, les savants, les puissants de ce monde ne se sont pas tous retirés. Ils viennent au catholicisme chaque jour plus nombreux. Ils viennent à lui en assez grand nombre pour le soutenir, lui donner de l'éclat et lui concilier le respect, souvent même l'admiration de ceux-là même qui n'en connaissent pas encore la vérité. Le catholicisme a ses représentants dans l'aristocratie anglaise et dans le Parlement. Trente-deux catholiques anglais sont membres de la Chambre des lords. Dix-sept, sans avoir droit à la pairie, ont le titre de lords. Cinquante-deux sont des baronnets. Dix-neuf sont membres du Conseil privé. Trois sont membres de la Chambre des communes et y représentent l'Angleterre. Soixante-neuf y représentent l'Irlande.

On voit qu'en somme, en Angleterre, le catholicisme fait bonne figure. Mais, s'il n'est plus en butte à l'ostracisme, il n'a point cessé d'être l'objet de toutes sortes de préventions. Au lieu de la persécution matérielle, qui a pris fin depuis longtemps, il rencontre autour de lui, non seulement la persécution des idées, mais celle du mensonge et de la calomnie. Un véritable service a été organisé dans ce but. Il existe des arsenaux littéraires, si tant est qu'on puisse appeler cela de la littérature, où se forgent ces armes. Il y a la persécution de *l'empoisonnement des puits*, non des puits où s'abreuvent les corps, mais de ceux où s'abreuvent les âmes (1). Il existe une association appelée : *La Société d'enquête sur les couvents*, *The convent Enquiry Society* qui, sous prétexte de veiller à la morale, et à la liberté des âmes, poursuit contre les couvents catholiques la plus odieuse des cam-

(1) Voir la brochure de M. James Britten : *Protestant fiction, les inventions protestantes.*

pagnes, une campagne de calomnies, qu'elle prend soin de renfermer dans les limites où elles échappent à la répression des lois, « Et parmi ceux qui appuient ces calomnies et qui prennent une part active dans leur propagation, se trouvent des membres de la profession qui, plus que toutes les autres, est tenue à donner l'exemple d'une loyauté chevaleresque. Le président de cette société est un colonel de l'armée anglaise, le colonel T. Myles Sandys. Le délégué chirurgien major Partridge est depuis longtemps un de ses membres les plus influents, et feu le général sir Robert Phayre n'avait pas honte de signer de son nom des pamphlets lancés par cette société et dont la malpropreté n'a d'égal que leur absurdité (1). »

§ XI. — *La cathédrale de Westminster et l'avenir du catholicisme en Angleterre.*

Les feuilles anglicanes les moins hostiles au catholicisme se contentent de le représenter comme étant en baisse, comme diminuant en nombre et comme perdant chaque jour du terrain, et de prophétiser sa ruine prochaine en Angleterre d'abord et ensuite dans le monde entier. Pendant ce temps-là, les catholiques anglais achèvent de bâtir au centre de Londres une vaste et splendide cathédrale qui sera un monument de style byzantin.

Le terrain pour l'emplacement de ce magnifique édifice fut acheté par le cardinal Manning après dix-neuf années des plus courageux efforts. Dix années s'écoulèrent ensuite avant que les travaux

(1) *The Month.*, n° de mars de 1899. *The convent Enquiry* by, James Britten, p. 275.
Calumnies against convents by the Rev. Smith, S. J.

commençassent. Mais en 1894 le digne successeur du cardinal Manning jugea qu'il fallait enfin commencer à tout prix. Le 29 juin de l'année 1895, la première pierre de la cathédrale de Westminster était posée par son Eminence le cardinal Vaughan assisté de son Eminence le cardinal Logue, archevêque d'Armagh, en Irlande.

En ce moment les travaux sont assez avancés par qu'on puisse se rendre compte de la grandeur et de la beauté de l'édifice, et de ce qu'il aura de vraiment monumental. Il a 360 pieds de long sur 156 de large. La hauteur de la nef principale est de 117 pieds. Celle de la façade, sans y comprendre les tourelles, est de 101 pieds, celle du campanile est de 273 pieds ; la croix qui la surmonte s'élève à une hauteur de 283 pieds. A l'intérieur, la distance de la principale porte d'entrée au sanctuaire est de 232 pieds. Le sanctuaire a 62 pieds de profondeur, et, plus loin, le chœur en a 48.

Quand on visite cet édifice encore inachevé, on se trouve d'abord en présence d'un superbe porche. Vient aussi un narthex ou vestibule. Au-dessus un magnifique campanile. Une grande nef principale et deux nefs latérales, deux beaux transepts ; un baptistère, huit chapelles latérales. Le sanctuaire est élevé de 4 pieds et demi au-dessus de la nef. D'un côté est la chapelle du Saint-Sacrement, et de l'autre la chapelle de Notre-Dame, toutes les deux spacieuses. Derrière le sanctuaire le chœur s'élève à 13 pieds au-dessus de la nef. Une crypte s'étend au-dessous du chœur. De larges tribunes s'élèvent au-dessus des nefs latérales, et derrière la chapelle du Saint-Sacrement deux grandes sacristies auxquelles sont annexées un certain nombre de chambres.

A l'extérieur, jusqu'à la hauteur de 8 pieds, les murs sont de granit. A l'intérieur, outre les massifs piliers qui soutiennent l'édifice, et les nombreuses colonnes de marbre et de granit qui ornent le sanctuaire, la crypte et d'autres parties de l'édifice, on peut admirer dans la nef principale, dans les nefs latérales et dans les deux transepts, 28 belles colonnes de marbre chacune de 17 pieds de hauteur.

Mais ce qu'il y a de plus imposant et de plus majestueux dans cet édifice, c'est sa façade extérieure qui lui donne un aspect vraiment grandiose et saisissant. Le porche avec ses tourelles semble se détacher du reste de l'édifice et avertir ceux qui en approchent de sa noblesse et de sa grandeur.

La décoration et l'ornementation de l'intérieur ne sont pas encore commencées, les travaux extérieurs ne sont pas terminés, et, au 1ᵉʳ décembre 1899, les dépenses s'élevaient déjà à la somme de 2.645.800 fr. Ce n'est pas la moitié de ce que coûtera cette magnifique église. Il faut encore des millions pour l'achever. D'où viendront-ils ? Personne ne le sait. Mais ils viendront. Ce n'est pas une des moindres merveilles de cette fin de siècle, et un des signes les moins frappants de la vitalité du catholicisme en Angleterre que cette cathédrale monumentale qui surgit tout d'un coup dans la capitale de l'hérésie, élevée non par des riches, mais par des pauvres qui, lorsqu'il s'agit d'attester leur foi, savent trouver des millions. Car cette superbe basilique, qu'on le remarque bien, est sans doute due à l'initiative, au zèle, à l'intelligente activité du cardinal Vaughan, et elle sera un de ses plus beaux titres de gloire devant la postérité ; mais elle n'est pas seulement l'œuvre d'un homme et d'un diocèse ; elle est l'œuvre des catholiques anglais, et elle n'est pas seulement destinée à être l'église cathédrale d'un archidiocèse, elle doit devenir la métropole de l'Empire britannique.

Des souscriptions ont été recueillies parmi les catholiques de toute l'Angleterre, et la somme de 2,645,800 francs déjà absorbée par les travaux exé-

cutés jusqu'ici n'a pas seulement été formée par
les billets de banque de quelques riches, mais
aussi par les sous de milliers de pauvres. « La bénédiction de Dieu viendra avec les sous des pauvres », disaient tous les évêques dans une lettre
pastorale collective adressée à tous les fidèles de
tous les diocèses, et datée de la fête de saint Jean-
Baptiste, de l'année 1899. Tous les évêques réunis
font un appel à la générosité de tous les catholiques anglais pour achever le monument de leur
foi. « Cette cathédrale, disent-ils, ne sera pas seulement l'église Mère du principal diocèse de l'Angleterre, mais l'église métropolitaine de la Province de Westminster. »

Or, cette province comprend toute l'Angleterre.

Les évêques anglais vont plus loin. Ils disent :

« La vérité est — et personne ne saurait le contester — que la cathédrale de Westminster doit
être et sera beaucoup plus que la principale église
d'un diocèse. Londres est la capitale de l'Empire
Britannique et la plus grande ville du monde. Rien
que du côté nord de la Tamise, cette ville compte
quelque chose comme 200,000 catholiques. De
plus, Londres est le centre de la puissance Britannique, de la politique Britannique, de la richesse
Britannique. Elle est le quartier-général du protestantisme Britannique. A Londres, notre sainte religion a à se présenter devant le monde dans toute
la fierté et toute la force que le monde admire.
Elle a à faire prévaloir sa vérité contre les plus
hautes intelligences, contre les ressources les plus
abondantes, et contre l'organisation la plus habile
des temps où nous vivons. »

Ainsi l'érection de la cathédrale de Westminster
n'est pas un événement quelconque. C'est le catholicisme renaissant d'une grande nation qui s'affirme devant le monde entier d'une manière écla-
tante. Cette cathédrale sera consacrée en la fête de

l'archange saint Michel, le 25 septembre de cette
année 1900, qui sera le cinquantième anniversaire
du rétablissement de la hiérarchie en Angleterre.
Elle sera consacrée par tous les évêques d'Angleterre. Magnifique clôture d'un demi-siècle de renaissance catholique ! Colonne splendide mar-
quant une grande étape ! Jalon sur la route des
siècles ! Signe avant-coureur du retour général
d'un grand peuple à la foi de ses pères !

Le siècle qui s'ouvrira au lendemain de cette
consécration ne s'achèvera pas avant que le catholicisme ait repris ces splendides cathédrales qui
couvrent le sol de l'Angleterre et que le protestantisme lui a ravies, notamment celle de Cantorbéry,
et Westminster Abbey. En attendant, dès le début du xx⁰ siècle la cathédrale de Westminster
dira au monde entier que le catholicisme est
rentré en Angleterre et qu'il est en train de re-
prendre possession de ce pays.

L'impulsion vers le catholicisme que, depuis
une soixantaine d'années, on remarque en Angleterre, ne vient pas des hommes : ils ne font que la
recevoir et la communiquer à leur tour. Elle est
faite de cette inquiétude fiévreuse que Dieu lui-
même met parfois dans les âmes de toute une gé-
nération et que le catholicisme seul est capable de
calmer. C'est précisément la constatation de cette
inquiétude d'une part et de l'autre de la puissance
que le catholicisme possède de la calmer qui
permet aux esprits clairvoyants de prévoir qu'en
Angleterre l'avenir appartient au catholicisme.

C'est la pensée exprimée par M. Mallock dans
un article du n° de novembre 1899, du *Nineteenth
Century* intitulé : *L'avenir intellectuel du catholicisme* qui a fait sensation. M. Mallock est un
écrivain bien connu en Angleterre pour la profondeur de ses idées et la largeur de ses vues.
M. Mallock est un anglican ou plutôt c'est un de

ces esprits qui flottent entre l'anglicanisme et
l'agnosticisme comme un naufragé qui va d'une
planche à l'autre, ne sachant à la quelle s'attacher, et
craignant fort qu'aucune d'elles ne puisse le porter.

L'écrivain du *Nineteenth Century* démontre
sans peine, par le témoignage de protestants qu'il
cite, le chanoine Gorre, le professeur Harnack, et
le Doyen Farrar, que le protestantisme équivaut à
« la complète annihilation de toute croyance que
les livres bibliques aient été dictés par l'Esprit de
Dieu de manière à être, quand on les comprend
bien, absolument exempts d'erreur, et à renfermer des communications divines revêtues d'une
autorité surnaturelle ».

La conclusion c'est que « la Bible n'est nullement, prise en elle-même, un guide sûr de vrai
christianisme, et ne peut servir à prouver que telle
et telle doctrine soit vraie. Elle ne devient un
guide et une preuve que lorsqu'une autorité extérieure nous indique ce qui est vrai et essentiel dans
ce livre et le distingue de ce qui est indifférent et
de nature à induire en erreur ».

On revient généralement, M. Mallock le montre, à ce principe qu'une autorité est nécessaire
pour interpréter la Bible, et on se demande quelle
est cette autorité. « Une seule Eglise, dit M. Mallock, donne à cette question une réponse claire et
précise. Elle affirme que cette autorité c'est
l'Eglise de Rome elle-même laquelle, de temps à
autre, dans des conditions très particulières, et
quand les circonstances le demandent, énonce, dans
ses conciles organisés avec soin, la vérité d'une
manière infaillible. »

De plus, la seule religion qui puisse aspirer à
être, dans le monde entier, la religion de l'avenir,
c'est celle qui se sent assez forte pour faire tourner
en sa faveur toutes les découvertes et toutes les
données de la science moderne. Or « si la religion

chrétienne est capable de tenir tête à la science, c'est la religion chrétienne incorporée dans l'Eglise de Rome, et non cette religion se présentant sous une forme quelconque du protestantisme, qui survivra dans cette lutte intellectuelle ». M. Mallock ajoute : « Ici nous décrouvrirons, d'une manière plus frappante encore, que Rome seule est capable de défendre la foi chrétienne, sans être en désaccord avec aucun des principes qu'elle professe actuellement, en forçant la science moderne à porter un témoignage décisif en sa faveur et à lui servir d'appui ».

Ce n'est pas tout encore. Aujourd'hui la science a mis en vogue et fait prévaloir la théorie de l'évolution au point qu'on veut la retrouver partout, même dans la religion, même dans le christianisme, et que les meilleurs esprits éprouvent de la difficulté à croire à la vérité du christianisme, s'ils ne lui voient suivre exactement les lois de l'évolution, et au contraire se sentent portés à le regarder comme vrai, s'il suit ces lois. Or, l'Eglise de Rome seule, et de toutes les parties de sa thèse c'est peut-être celle que M. Mallock prouve le mieux, l'Eglise de Rome seule nous présente un christianisme se développant exactement selon les lois de l'évolution telles qu'elles sont exposées par la science la plus rigoureuse.

Ces choses là se disent, s'écrivent, se sentent. Elles constituent l'atmosphère intellectuelle. Le catholicisme est dans l'air, un peu partout mais surtout en Angleterre. Voici ce qu'on lit dans le manifeste protestant que la Basse Eglise a répandu, au commencement de cette année 1900, sur tous les points de l'Angleterre et dont nous avons déjà parlé plus haut :

« Le ritualisme, qui est la forme préparatoire de l'idolâtrie, semble flotter dans l'air que nous respirons. On le rencontre à chaque tournant de la vie. Il ne cesse de se répandre. C'est une malaria religieuse que l'on prend et qu'on cache silencieusement dans son sein jusqu'à ce que les circonstances nécessaires pour favoriser son incubation la fassent éclater. »

Cela est vrai du ritualisme. Mais cela est surtout vrai du catholicisme, et même cela n'est vrai du ritualisme que parce que cela est vrai du catholicisme. Le ritualisme est produit par les idées auxquelles M. Mallock n'a fait que donner une forme nette et précise, et qui, depuis un demi-siècle, sont répandues dans l'air. C'est un commencement de catholicisme, un catholicisme ébauché, avorté, et comme le premier degré et une forme atténuée de la sublime malaria du catholicisme. Pour que cette forme atténuée devienne la vraie malaria, pour que cette malaria sublime devienne une épidémie qui se répande peu à peu sur toute l'Angleterre, il est nécessaire qu'elle soit précédée par une épidémie de prières.

TABLE

Imprimerie BUSSIÈRE. — Saint-Amand (Cher)